20世纪密码战

隐秘战场的殊死搏杀

周明 著

CRYPTO WARFARE

上海社会科学院出版社
SHANGHAI ACADEMY OF SOCIAL SCIENCES PRESS

图书在版编目（CIP）数据

20 世纪密码战：隐秘战场的殊死搏杀 / 周明著. ——
上海：上海社会科学院出版社，2022
 ISBN 978-7-5520-3930-6

Ⅰ．①2… Ⅱ．①周… Ⅲ．①情报活动－史料－世界
Ⅳ．①D526

中国版本图书馆 CIP 数据核字（2022）第 142692 号

20 世纪密码战：隐秘战场的殊死搏杀

著　　者：周　明
责任编辑：霍　覃
整体设计：周清华
出版发行：上海社会科学院出版社
　　　　　　上海市顺昌路 622 号 邮编 200025
　　　　　　电话总机 021-63315947 销售热线 021-53063735
　　　　　　http://www.sassp.cn E-mail: sassp@sassp.cn
印　　刷：上海普顺印刷包装有限公司
开　　本：720 毫米×1000 毫米　1/16
印　　张：16.5
字　　数：220 千
版　　次：2022 年 10 月第 1 版　2022 年 10 月第 1 次印刷

ISBN 978-7-5520-3930-6/D·657　　　　　　定价：69.80 元

版权所有　翻印必究

前言

密码，这个源自军事术语的词语，如今已经在各行各业中广泛使用，像健康密码、财富密码、运动密码、美颜密码……凡此种种，不一而足，当然这些所谓"密码"其实就是窍门、诀窍的意思，和密码真正的意思相去甚远。之所以那么多行业那么多领域都喜欢用密码来标注，就是看中了密码这个词语与生俱来的那种神秘感、科技感，还有高深莫测的酷炫。

密码，就是秘密之码的简称。这里的"密"自然就是秘密，保密的意思，而且这里的秘密也是相对的，并不是对所有对象保密，而是对非特定对象保密。"码"则是泛指所有有含义的符号，包括但不限于文字、数字、图画、徽章、标识、手势、视频，甚至可以是声音和动作等。

密码的英语是"password"，直译就是可以获得通过的单词，意译的话就是"口令"，我们生活中网站登录、银行卡以及密码锁的密码就是从这个英语的意思引申而来。

军事上所说的密码，也并不完全是口令的意思。军事上的密码，是指将正常情况下非特定对象可以轻松识别的信息，转换成一种只有特定对象才可以识别的信息。形象地说，就是特定对象之间约定，只能在特定对象之间识别的信息，这种经过处理的信息，对别人来说，就是完全不知所云的"天书"。

网站登录密码、银行卡密码、密码锁的密码，只符合了特定对象这个要素，但是没有将可以简单识别的信息转换成只有特定对象才能识别的这个要素，因此也并不太符合军事上所说的密码的定义。

因为军事上的密码，一定是要具备两个最重要的环节——加密和解密，信息的发布者对原文进行加密，将可以识别的信息转换为无法识别的信息，接收者根据约定的方式将其解密，成为可以识别的信息。而口令式的密码就没有加密和解密的过程。

本书就是主要介绍军事上的密码，以及围绕密码所产生的角逐和较量。密码在军事上的运用，最早从公元前405年古希腊伯罗奔尼撒战争时就出现了，迄今已经有2500年的历史了，可谓历史悠久。但是真正现代意义的密码，则是要到1895年俄国物理学家波波夫（究竟谁是发明人尚有争议，可参见本书正文）发明了无线电通信之后。无线电通信的即时性、快捷性，不受空间阻隔等特点，一经问世就成了军事通信的首选。但是无线电通信同时又是开放性的，所以保密性就成了在军事上应用的最大阻碍，正是在这样的背景下，基于无线电通信的现代意义的密码，才因缘际会地出现了。

进入20世纪，人类经历了两次席卷全球的战争——第一次世界大战和第二次世界大战。这两次全球性战争，规模前所未有，战争的激烈程度也是空前的。随着战争的发展，军事通信也进入了一个前所未有的高度，密码作为军事无线电通信的"安全卫士"，也随之发展到了阶段性的高峰。一旦密码被对方破解，那么所有的军事秘密就如同暴露在阳光下，都将大白于天下。所以，为了破解密码，从而掌握对方的军事秘密，将战场变成"单项透明"，占得制胜先机，各国都在密码破译的方面全力以赴。

在看不见的隐秘战线上，围绕着密码的编制与破译，展开了一场场惊心动魄的较量与比拼，虽然不像真实战场上的枪林弹雨，炮火连天，但激烈程度同样毫不逊色，甚至是有过之而无不及。一纸电文的破译，就可能决定了成千上万人的生死，就可能决定了一场战役的胜败，甚至是一个国家的安危存亡。

正因为这样，密码的编制与破译，成了战争中特殊的不见面的搏杀，同样演绎出一幕幕令人叹为观止的传奇。

到了20世纪，密码的编制也在不断进化，从最初的人力编制，逐渐发展到了机械编制，也就是出现了密码机，而纳粹德国的恩尼格玛密码机更是一度成为密码史上的巅峰之作，曾经被认为是不可能被破译的。而同盟国方面，经过不懈努力，最终研制出了专门破译恩尼格玛的武器——绰号"炸弹"的计算机，这也是现代计算机的雏形。

密码战也就从最初人脑对人脑，逐渐进化到了机械对机械的时代。

毫无疑问，恩尼格玛是密码史上的里程碑，而破译恩尼格玛也同样是密码破译的里程碑。

本书主要讲述了20世纪人类战争史上围绕密码所展开的比拼，关于恩尼格玛的研制与破译，更是本书的重中之重。

通过一场场围绕密码的较量，向读者揭开了在这个神秘的领域所进行的看不见硝烟的战斗。这一战场不仅是智慧的比拼，也是勇气的比拼，更是国力、科技上的竞争。

毫不夸张地说，密码战就是人类智力与科技最顶级的搏杀。

当读者翻开书本，笔者希望能通过文字、图片，将这一人类军事史上的顶级搏杀全面地展现给您。

目 录

1	前言
1	第一章　从最古老的密码说起
27	第二章　无线电催生了密码
57	第三章　第一次世界大战中的密码战
79	第四章　协约国的密码战
99	第五章　美国黑室
117	第六章　太平洋上的密码战
153	第七章　纳粹德国的密码战
183	第八章　恩尼格玛密码机
203	第九章　波兰三杰打开第一个突破口
221	第十章　布莱奇利庄园

第一章 从最古老的密码说起

密码，就是秘密之码，这里的"密"自然就是秘密，保密的意思，而且这里的秘密也是相对的，并不是对所有对象保密，而是对非特定对象保密。狭义的"码"，是指无线电码；广义的"码"则是泛指所有有含义的符号，包括但不限于文字、数字、图画、徽章、标识、手势、视频，甚至可以是声音和动作。

从某种意义上来说，密码交流也是生物的本能，例如狼群之间交流联系的嚎叫，也可以算是狼群的密码。鸟类的鸣叫同样也是密码，在上海崇明东滩，过去专业的捕鸟人就会用鸟哨逼真模仿鸟叫，来诱捕鸟类。这就是破译了鸟类密码，那么对于鸟类来说，就是灾难性的后果——自投罗网。在自然界，密码被破译结果尚且如此悲惨，在人类军事斗争中，如果密码被破译了，那么就可能决定一场战役的胜负，甚至是一个国家的兴衰存亡。

在军事上，无论是行军还是作战，上级命令的下达，下级情况的报告，左右友邻的联系协同，都需要进行通信。而一旦通信被敌方截获，相关信息泄露，后果是非常严重的，历史上不乏这样的事例。

第二次布匿战争中，迦太基的名将汉尼拔的二弟哈斯德鲁巴·巴卡率部进入意大利，准备和转战在意大利腹地的汉尼拔会师，如果两兄弟的部队成功会合,必然将对罗马帝国造成巨大威胁。但由于和汉尼拔的信使被罗马军队抓获,哈斯德鲁巴·巴卡的行军路线由此被罗马军队所获悉,结果自然就没有了悬念,他遭到伏击兵败身死。原本被汉尼拔打得焦头烂额的罗马帝国就此缓过劲来,加上迦太基国内政局剧变,汉尼拔不得不率军回国,原先形势大好的第二次布匿战争功败垂成。而第二次布匿战争在三次布匿战争中最为关键,这次战争的失败直接导致了迦太基的覆灭。

在中国人所熟悉的三国官渡之战,曹操向后方催调粮草的书信被袁绍谋士许攸的手下截获,许攸和曹操是旧友故交,原本就已经有了投效之心,就用这封信作为"投名状"前去投奔曹操,并献上了以轻骑偷袭袁绍屯粮重地乌巢的计策,曹操依计而行,成功偷袭乌巢,将袁军粮草付之一炬,最终一举击败袁绍,取得了官渡之战的胜利。设想一下,如果曹操的这封信落到袁绍手里,袁绍掌握了曹操军队粮草即将告罄的情报,无论是对曹操展开全面强攻还是加强封锁围困,那么最终的结局肯定是袁绍成为胜利者。

类似的事例很多,可见通信密码与安全在军事上是何等重要。因此,很早就有人意识到了这一点,便开始对通信内容进行加密,以确保信息即便落入敌方手里,也不会因此而暴露己方的秘密。

最早最原始的加密是密文术,也叫隐文术。所谓密文术就是将真实的内容遮掩起来,让外人看不到真实的内容。

被誉为"西方历史之

图1-1 正是由于许攸的帮助,曹操取得了官渡之战的胜利,由此奠定了统一北方的基础。

父"的古希腊著名历史学家希罗多德就曾经在他的著作里记录了这样一件事：薛西斯大帝（公元前485年—公元前465年在位）建立起庞大的波斯帝国之后，欧亚大陆上的众多小国城邦纷纷表示臣服，唯独希腊的斯巴达和雅典拒不称臣。因此薛西斯决定出兵征服这两个城邦，他花费数年时间秘密整训军队，准备对希腊发动突然袭击。这个秘密被流放到波斯的希腊人德马拉图斯偶然发现。尽管德马拉图斯已经是被流放之人，但他对祖国依然无比忠诚，所以他立即把薛西斯的计划刻在一块木板上，设法送回希腊，考虑到沿途有波斯的重重关卡，这块写着秘密情报的木板肯定无法被顺利送到希腊，于是他想到了一个办法，在木板上涂上一层石蜡，将文字完全覆盖住，这样看起来，就只是一块上过石蜡的普通木板，自然可以顺利通过关卡。

最终这块木板顺利被送到了希腊，希腊人虽然知道这块从波斯辗转送来的木板上肯定是有秘密的，但都看不出其中的玄机，最后还是一位叫戈尔戈的女人刮去了木板上的石蜡，这才看到了德马拉图斯送来的情报内容，于是希腊立即开始动员备战，最后成功挫败了薛西斯征服希腊的企图。

希罗多德在著作中还记载了一件事：希斯塔亚乌斯和阿里斯塔格拉斯秘密联络，策划共同反叛波斯帝国。为了确保来往联络的秘密，塔将信使的奴隶头发剃光，将密信内容写在头皮上，然后等头发重新长出来以后再让信使出发，到达目的地之后，只要再将信使的头发剃光，那么就可以从头皮上看到密信内容。

不过这种密写方法，杜撰的成分较大，毕竟用什么可以写在头皮上而且长时间也不会消失，即便头发长出来也没有影响？希罗多德也没有明确说明，但从希罗多德以后两千年漫漫长河中，密写术被广泛采用。特别是公元1世纪古罗马人盖乌斯·普林尼·塞孔都斯在他编著的《自然史》一书里就详细阐述制作隐形墨水的原理。用这种墨水书写的内容干燥后就会变成透明,不过只要稍微加热,这种隐形墨水被烤焦,字迹又可以显露出来。

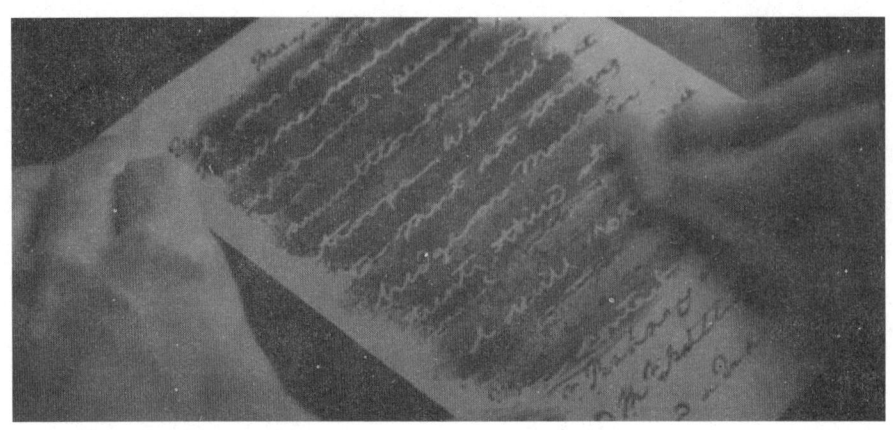

图1-2 公元1世纪古罗马人盖乌斯·普林尼·塞孔都斯在他编著的《自然史》一书里详细阐述制作隐形墨水的原理。用这种墨水书写的内容干燥后就会变成透明,不过只要稍微加热,这种隐形墨水被烤焦,字迹又可以显露出来。

16世纪,意大利化学家乔波尼·波塔用明矾和醋按一定比例混合,制成墨水,在煮熟的鸡蛋壳外面写字,墨水可以通过鸡蛋上的细孔渗透到蛋白上,只要剥去蛋壳,就可以在蛋白上看到清晰的文字。

这种密写术一直使用到第一次世界大战,就有协约国的间谍使用这种密写术传递情报被发现,因此被处决。

还有一种我们耳熟能详的密写术,就是用米汤写在白纸上,肉眼基本上看不出来,但是只要用碘酒在白纸上涂抹,用米汤书写的内容就能显露出来。

到了第二次世界大战,隐形墨水的发展更登峰造极,纳粹德国派往同盟国的间谍不少都携带密写墨水,就在正常的通信掩护下用密写墨水将情报写在信纸上,为了不被同盟国的情报机关所识破,密写墨水的配制,科技含量也越来越高,德国不惜投入了大量金钱调集最顶尖的化学家进行研发。

密写术能够在2000的时间里被广泛应用，这说明密写术确实有一定的保密功能。但是密写术也有一个致命的缺陷，就是只要密写的方法被识破，那么想要隐藏的内容也就大白于天下，毫无秘密可言。

所以，很早就有人意识到这个缺陷，开始尝试采用另一种更为保密更为安全的通信方法，这就是密码术。

目前最早有记载的密码，确切说还是很原始的密码，是在公元前404年，斯巴达军队统帅莱山德将军率军进攻雅典。一天，有一名信使穿越战线送来了一封信，但莱山德却把这封信扔在一边，而是要信使解下皮带，这条皮带粗看没什么特别，就是上面有着一些看上去是装饰性的字母。然后莱山德就将这根皮带缠绕到一根木棒上，神奇的一幕出现了，原先皮带上杂乱无章的字母就变成了一份重要情报：斯巴达的盟友波斯人正准备背弃盟约乘虚偷袭斯巴达，于是莱山德立即率军回师斯巴达，击退了来袭的波斯军队。

莱山德的皮带和木棒，被称为"斯巴达棒"，就成了人类历史上最早的密码术加密设备。密码术和密写术最大的区别，不是简单的将信息隐藏起来，而是将这一信息的真实意思隐藏起来。毋庸置疑，密码术明显要比密写术更高级更先进。

在密码术里，加密之前的原始信息被叫做"明文"，加密之后的信息被叫做"密文"，加密的规则也就是用来完成加密、解密、完整性验证等应用

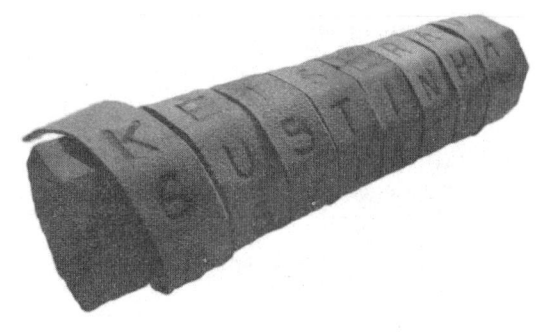

图1-3 斯巴达人用特制的皮带和木棒，组成的"斯巴达棒"，是人类历史上最早的密码术加密设备。皮带上是不规则的字母，但只要缠在特制的木棒上，原本杂乱无章的字母就组合成了有意义的内容。

的过程则叫"密钥"。这种加密、解密技术后来逐渐发展成一门科学，这就是"密码学"。密码学又分为两个分支学科——密码编程学和密码分析学，简单来说就是编制密码和破译密码。

在漫长的战争岁月中，密码术也在不断发展、完善。

公元前2世纪，古希腊历史学家波利比乌斯发明了一种保密通信系统，将25个希腊字母排列在一个5×5的表格里，并且将横行和纵行都标上数字，这样就将字母转换成了数字。这种表格被称为"波利比乌斯棋盘"或"波利比乌斯方块"。"波利比乌斯棋盘"有这样几个特点：第一是将字母转化成数字，第二就是将表示一个字母的数字分为横行和纵行两部分。这两个特点意义非常重大，几乎成为近现代密码机制的基础，至今仍在被广泛应用。

古代最著名的密码当属罗马共和国的传奇人物盖乌斯·尤利乌斯·恺撒发明的恺撒密码。恺撒作为一个杰出的政治家、军事家，自然很清楚通信保密的重要性，所以他发明了一种密码，对重要通信内容进行加密。毫无疑问，恺撒密码对恺撒征战起到了非常大的作用。当时恺撒密码似乎很玄妙，但是今天看起来，其实很简单，就是将字母顺序退后三位，也就是

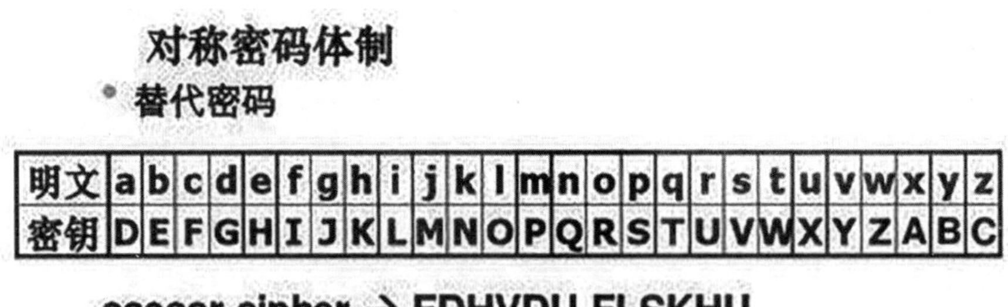

图1-4 古代最著名的密码就是罗马共和国的传奇人物盖乌斯·尤利乌斯·恺撒发明的恺撒密码。他用这种密码，对重要通信内容进行加密。原理今天看起来，就是将字母顺序退后三位，也就是用D来表示A，用E来表示B，以此类推。这是一种非常简单的替代密码，只需要用简单统计，也就是暴力推算法就可以轻松破解。

用 D 来表示 A，用 E 来表示 B，以此类推。也就是明文"ABC"转换成了密文"DEF"，现在看来，这是一种非常简单的替代密码，只需要用简单统计，也就是暴力推算法就可以轻松破解。不过在当时，能想到用这样办法来加密，绝对是非常明智的。

恺撒密码还有一种升级版，被称为"仿射密码"，就是用 26 个数字替换 26 个字母。可以从 0 到 25，也可以从 1 到 26，或者 3 到 28，5 到 30……这显然要比用字母移位来替换字母，破译难度大大提升，但是如果面对今天的电子计算机，暴力穷举法照样可以轻松破解。

古希腊人还有一种"置换密码"，就是对明文中的字母按照一定的规律进行位移，例如对相邻字母进行交换，明文"The bag"忽略空隔，对前后相邻字母交换后的密文就成了"Htbega"。

还有一种叫做"栅格"的置换方法，顾名思义，就是类似于栅栏，将明文里一行改成两行，而且再按列的顺序书写。同样"The bag"就成了：

Tea

hbg

"栅格"法当然可以不止排成两行，排成三行、四行，都可以，只要双方事先约好，可以是任何行数。

公元 8 世纪，阿拉伯密码学家阿布·哈利勒就在他编著的《密语》一书中，详细介绍了利用频率分析来破译密码。虽然这本书已经失传，但书里记载的一个故事却被口口相传一直流传到今天，哈利勒曾经破译过拜占庭皇帝的一封密码信函，他破译的突破口，就是当时书信的开头第一句都是"以上帝的名义"，这就给哈利勒破译这封信的密码提供了抓手。

公元 9 世纪，阿拉伯密码学家阿布·哈金迪在他的一篇题为《破译加密通信》的论文中，就详细阐述了如何利用概率分析来破译替换密码，就是将一篇加密后的文章中出现最多的字母统计出来，姑且称为"第一字母"，再统计出出现频率第二多的字母，称为"第二字母"……以此类推，将26个字母都统计出来,再对照正常文章里各个字母出现频率,就可以很容易破译密文了。

14世纪阿拉伯密码学家伊本·阿杜拉姆更是进一步全面系统地研究了"字母频率统计分析破译密码法",密码术的两大分支,编制密码和破译密码,并不是完全对立的,而是相辅相成,对密码的破译反过来也推动了密码的编制。

进入14世纪以后,密码的应用已经不仅限于军事,就连很多科学家、炼金术人都用密码来记录自己的发明,以免自己的"专利发明"被旁人剽窃。同时在欧洲随着手工作坊式的商品经济开始兴盛,早期资本主义的生产关系已经开始逐渐出现,而文艺复兴时期艺术科学的进步也给密码通信注入了全新的动力。尤其是意大利各城邦之间竞争与对抗也日益加剧,各国的驻外使节都担负着刺探驻在国情报的任务,但是将情报传回本国,而又不被察觉,这就要依靠密码通信了,这也成了密码通信的现实要求。当时意大利各城邦都设有密码机关,专门负责编制密码以及破译别国密码,在每个驻外使馆都安排有专业的密码人员,负责密码通信。

在此之前,从事密码编制和密码破译的人员,基本上都是兼职的,所以无论是精力、时间还是保障条件,都得不到保证。这也导致了在很长一段时间里,密码的研究都处在停滞状态,直到文艺复兴时期才出现了转机。

1506年,在人类历史上第一次出现了有正式记载的专职密码工作人员,威尼斯城邦设立了"密码秘书"一职,第一位担任这个职务的乔瓦尼·索罗就是当时意大利最著名的密码专家,他被誉为"近代密码之父",破译密码的能力受到了一致推崇,甚至一些威尼斯的友好盟邦也都将截获的密码通信交给他来破译,他还在一所学校里开设了密码课程,编写教材,传授密码编排的相关知识,还举行密码编排比赛。这样也都在无形之中推动了密码术的发展。

15世纪，埃及数学家艾哈迈德·加勒卡尚迪在他编著的《盲者曙光》中总结了当时的密码编制，归纳为7种方法：

1. 用一个字母替换一个字母；
2. 将一个单词中的字母逆序书写；
3. 交换一个单词中的相邻字母；
4. 用数字替换字母；
5. 用两个或三个字母替换一个字母，在密码学中这就叫多表替换；
6. 用一个字母替换特定的一个人名或单词；
7. 用一组符号替换字母，重新创造一个字符体系。

虽然不是太精确也不够全面，但在当时，已经算是集密码编制的大成了。

1412年，加勒卡尚迪在一篇论著中提出了"多表替换"的思想，这也是人类第一次有文字记载的"多表替换"。

在近现代史上，最著名的密码就是玛丽女王密码。

1558年，亨利八世的女儿伊丽莎白·都铎继承了父亲的王位，成为英国女王。她在位45年，带领英国成为世界霸主，将英国推上了历史巅峰，因此伊丽莎白时代被誉为英国历史上的"黄金时代"。但是在伊丽莎白执政初期，对于她的统治合法性还有很多质疑，主要是亨利八世和伊丽莎白生母安

图1-5 1558年，亨利八世的女儿伊丽莎白·都铎继承了父亲的王位，成为英国女王。在位四十五年，带领英国成为世界霸主，将英国推上了历史的巅峰，因此伊丽莎白时代被誉为英国历史上的"黄金时代"。

娜的婚事，是不顾教皇的反对停妻再娶，所以很多保守的天主教徒都不认可这段婚姻，认为伊丽莎白不过是个篡位的私生女。他们认为伊丽莎白的表侄女苏格兰女王玛丽·斯图亚特才是英国王位的合法继承人。

玛丽1542年出生才6天就继承了苏格兰王位，16岁时嫁给了法国国王弗朗索瓦二世，成为法国王后，不过好景不长，新婚还不到一年弗朗索瓦二世就患病去世，她也在法国王宫受尽王太后的冷眼，加上为她在苏格兰摄政的母亲去世，因此她于1561年回到苏格兰亲政。她拒绝承认伊丽莎白的女王地位，公开宣称自己才是英国王位的合法继承人，还将英国王室的纹章用在自己部队的旗帜上，就此和伊丽莎白算是结下了梁子。

1565年，玛丽和达恩利伯爵亨利·斯瓦特结婚。由于达恩利伯爵贪恋权位，不但引起了苏格兰贵族的不满，也引起了玛丽女王的反感，最后她在1567年与情夫博斯维尔公爵合谋害死了达恩利伯爵。这段短暂的婚姻唯一的成果就是给英国王室留下了一个继承者。1603年伊丽莎白驾崩后，玛丽和达恩利伯爵的儿子詹姆斯一世成为英国国王。

玛丽与达恩利伯爵结婚还不到半年时，就遭到苏格兰贵族废黜，当时达恩利伯爵被放逐，玛丽则被监禁于汉密尔顿宫。直到第二年玛丽才在拥戴她的贵族支持下逃出监禁地，由于在苏格兰已经无法立足，走投无路之下，她只能前往英格兰投奔表姑伊丽莎白。

玛丽恐怕已经忘记了当初曾经拒绝承认伊丽莎白为英国女王，伊丽莎白可没有忘记这个曾经向自己叫板的表侄女，因此玛丽一进入英格兰，就被以谋杀亲夫的罪名而逮捕，关押在恰尔特利城堡。伊丽莎白对于玛丽是非常忌恨，除了对自己的王位威胁极大，而且玛丽女王还是欧洲最有魅力的女子，容貌姣好身材高挑，比伊丽莎白漂亮多了。所以对玛丽的看押非常严密，经常更换关押地点。虽然玛丽的待遇完全不同于普通罪犯，有自己的仆人，饮食起居也算不错，但是出入、会客完全没有自由，就连所有的通信都要受到严格检查。

即便玛丽身陷囹圄,但她的支持者依然在四处活动,积极筹划营救她,并企图帮助她复辟上位。笃信天主教的苏格兰贵族安东尼·巴宾顿组织了密谋集团,策划暗杀伊丽莎白女王,以此引发英国内乱,乘乱将玛丽女王推上王位。他们认为这个计划必须要得到玛丽女王的同意,但是苦于无法与被监管的玛丽女王取得联系,计划一直未能执行。直到1586年,也就是玛丽被软禁整整18年以后,一个叫吉尔伯特·吉福德的年轻人自告奋勇,愿意想办法建立与玛丽的秘密通信渠道。吉福德买通了一个信奉天主教的啤酒馆老板,在送给玛丽的啤酒桶里精心制作了一个夹层,用来传递密信。

玛丽对于这样一条通信渠道自然非常高兴,但她还是留了一个心眼,所有的通信都进行加密,这是一种相当复杂的密码,不是简单的替换密码,而是用23个代表字母的符号和35个代表特定单词和词组的符号组合而成,另外为了迷惑破译者,还特别设计了4个不代表任何意思的空白符号。这样即便密信落到了伊丽莎白手里,她也不知道信上具体是讲什么内容。玛丽的谨慎一点都没有错,吉福德正是伊丽莎白首席宫廷大臣弗朗西斯·沃尔辛厄姆的线人,啤酒桶里的密信首先都交给了沃尔辛厄姆,照样

图1-6 出生才六天就继承了苏格兰王位的玛丽,她拒绝承认伊丽莎白的女王地位,公开宣称自己才是英国王位的合法继承人,结果被伊丽莎白女王软禁,最终因为和同伙联络的密码被破译事情败露被处死。

复制留作证据之后才会被送出去。

尽管玛丽采用了密码加密，但难不住沃尔辛厄姆，因为他手下有一位当时欧洲最著名的密码破译专家托马斯·菲利普斯。菲利普斯是一位语言天才，精通英语、法语、德语、西班牙语、拉丁语和意大利语，他正是通过频率分析法来分析，首先建立了一个频率表，将密信中出现最多的符号计算替换值，如果这样不行，就转而考虑其他的替换值，慢慢就基本上掌握了符号相对应的字母和词组，从而完全破解了密信的真实内容。

对于巴宾顿的计划，玛丽在一封密信中表示完全赞同，但表示必须要在刺杀伊丽莎白之前或同时将自己营救出去，以免伊丽莎白先下手把她杀了。看到这封信的内容，菲利普斯就知道这可是足以将玛丽送上绞刑架的实锤铁证，因此就在信上画上了一个绞刑架的标志。

虽然掌握了玛丽谋反的证据，但沃尔辛厄姆想要掌握巴宾顿团伙的全部成员名单，于是他让菲利普斯根据玛丽密码仿造了一封玛丽女王的信，信中说："我很愿意知道 6 位绅士的名字和简历，这样我或许能根据这些给你进一步的建议，并且可以告诉你应该如何行动。"巴宾顿接到这封信，一点都没有怀疑，立即回信将密谋团伙 6 名主要成员的名字和盘托出，这封信自然到了沃尔辛厄姆手里。名单到手，沃尔辛厄姆就立即行动，将 6 名密谋集团成员全部抓获，很快就全部处以绞刑。而玛丽也在 1587 年 2 月，在被监禁的恰尔特利城堡斩首。

玛丽密码最终成了将玛丽送上断头台的铁证。密码的安全性绝对事关重大，一个帝国的兴盛衰微，都系于密码，这话毫不过分。

玛丽女王失密身死，就是说明了单字母替换法的固有缺陷，就是所有字母体系的语言中，每个字母的出现频率都是不同的，例如英语中字母 E 出现频率就是最高的，字母 Z 出现的频率则是最低的，这就给破译者提供了最理想的突破口。

早在 1465 年前后，意大利人莱昂·巴蒂斯塔·阿尔伯蒂，这位文艺复兴时期的重要人物，除了在绘画、雕塑和建筑上有着很高造诣，同时也是一位密码大师，他就总结出了历史上最早的字母频率表，并针对单表替换字母的先天缺陷，提出了最原始的多表替换，就是采用两套替换字母表，例如奇数字母用一套字母表，偶数字母用另一套字母表，这样一来，字母出现频率的特点就被打乱了，大大增加了破译的难度。他还发明了"阿尔伯蒂密码盘"，这是由2个同轴扁平铜环所组成，2个铜质圆环之间可以相互旋转。外环被分为24格，每一个是一个大写字母，只是没有字母H、K和Y三个字母，同时由于拉丁文和意大利文是没有字母J、U和W的，这样环上就多出了4个空格，分别用数字1—4表示。而内环的格子上则是随机放入拉丁文的小写字母。同时密码盘还附了一本说明，注明了336个短字节和数字1—4组成的数值，也都被密码盘编码成了内环上的小写字母。起始位置是固定在内环上，但同时必须对应外环的大写字母。

使用时，明文用外环大写字母来标注，那么内环上对应的小写字母就自动转换成了密文。如果在对照明文时再插入一个新的大写字母，那么内环的起始位置也就相应发生了位移，等于就是开始采用了新的替换字母表。

收信方手里同样也要有这样一个密码盘，只要和发信方

图1-7 意大利人莱昂·巴蒂斯塔·阿尔伯蒂发明了"阿尔伯蒂密码盘"，这是由两个同轴扁平铜环组成的加密装置。

的内外环位置调整到相同，再加密一个数字对准内环的小写字母，那么这时外环上的字母就是自动翻译出来的明文了。尽管"阿尔伯蒂密码盘"现在看起来非常简陋，但却已经彻底改变了字母出现频率的特性，在密码发

展历史上具有里程碑的意义。

在此后大约 100 年间，不断有人对阿尔伯蒂多表替换的思想进行改进和完善，并最终在 1586 年——正巧就是玛丽密码被破译的那一年，基于阿尔伯蒂多表替换理论的维吉尼亚密码诞生了。维吉尼亚密码，也被译为维热纳尔密码，是使用一系列恺撒密码组成字母表进行加密，是多表替换密码的一种简单形式。维吉尼亚密码最早是由意大利数学家吉奥万·巴蒂斯塔·贝拉索在 1553 年所著的《吉奥万·巴蒂斯塔·贝拉索先生的密码》一书中提出。但是，法国外交官布莱斯·德·维吉尼亚在 1586 年也提出同样算法的密码，后世都认为是维吉尼亚发明的，所以才用他的名字命名。

维吉尼亚密码首先建立一个维吉尼亚方阵，也叫密码表。每个字母都对应一个字母表，26 个字母就有 26 个字母表，而且每个字母表会比前一

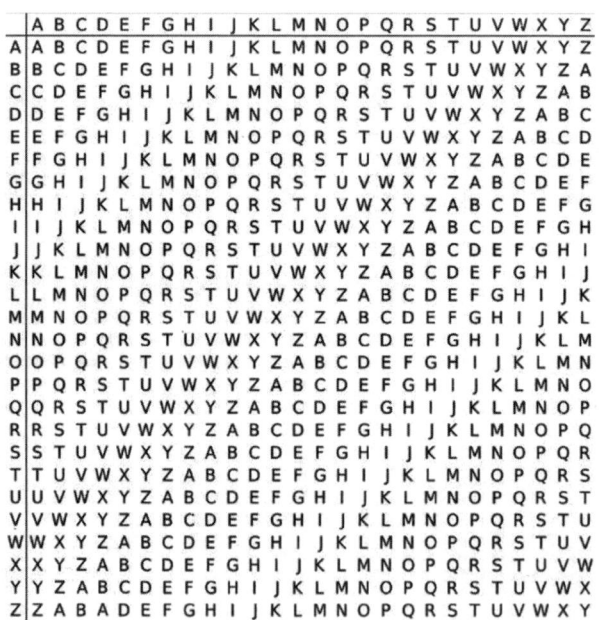

图 1-8 维吉尼亚密码最早是由意大利数学家吉奥万·巴蒂斯塔·贝拉索在他 1553 年所著的《吉奥万·巴蒂斯塔·贝拉索先生的密码》一书中提出的。但是，法国外交官布莱斯·德·维吉尼亚在 1586 年也提出同样算法的密码，后世都认为是维吉尼亚发明的，所以才用他的名字命名。

个字母表发生一次移位。也就是第一次出现字母 A，是用 D 来替代，但第二次出现时就可能是用 E 来替代了。而位移的规律则是采用一个关键词语，例如关键词是"CHINA"，那么第 1 个字母对照 C 字母表，第 2 个字母对照 H 字母表，第 3 个字母对照 I 字母表，第 4 个字母对照 N 字母表，第 5 个字母对照 A 字母表，第 6 个字母又对照 C 字母表，以此类推。所以，维吉尼亚密码不是简单的用一个字母来替换一个字母，关键词实际上就是"密钥"的概念，通过密钥来决定用哪一个字母表来替换明文里的字母。这种密码加密钥的加密方式，一直沿用到第二次世界大战出现的早期电子密码机。

维吉尼亚密码安全性显然要比单表替换大大提高，被称为"不可破译的密码"。但实际操作就相当复杂，每个字母都要更换不同字母表，编制和翻译都非常费时费力，所以尽管安全性有了显著提高，但在维吉尼亚密码问世之后 200 多年时间里，使用的却并不太多。

不过，单表替换的弊端太明显了，被破译的可能性太大，实在不安全。而维吉尼亚密码又太复杂，使用起来非常不方便。于是就出现了一种介乎两者之间的密码，这就是同音替换密码。这种密码的原理是消除每个字母的概率特性，具体来说，字母 A 出现的概率是 8%，那么就用 8 个符号来替换 A；字母 B 出现概率是 2%，那么就用 2 个符号来替换 B……这样从理论上，每个符号出现的概率都是 1%，完全没有差别，这样概率分析法破译就无从下手了。通常代替字母的符号就用数字，这样比较简单，不用再动脑筋去找另外一种符号体系。

当然，同音密码也不是完全无懈可击，同样存在致命的缺陷。例如字母 Q 出现的概率是 1%，而 Q 后面通常都跟着字母 U，U 出现的概率是 3%，根据这个特点，只要有一个相同符号后面跟着的符号是三个相同符号之一，那么基本上就可以确定第一个符号是 Q，后面 3 个符号就是 U。只要打开了这样一个突破口，那么整个密码体系也很快就能攻破了。

到了17世纪，密码在英国越来越受到重视，甚至在议会设立了"首席密码专家"这个职位，第一个担任这一职位的是在当时被誉为最杰出的密码破译专家的约翰·沃利斯。

17世纪最著名的密码当属路易十四的"大密码"。路易十四在法国波旁王朝的历代君王中算是知名度最高的，在位时间长达72年，这个记录在全世界历史上也是最长的。他对内实行独裁，对外推行霸权。军国大事自然离不开密码。他重金聘请了当时最顶尖的密码专家安托万·罗西诺尔。罗西诺尔被誉为法国的"密码学之父"，最早为英国服务，曾经将一封破译出来的写着城内弹药即将耗尽的密信送到被围困的拉罗谢尔城，彻底瓦解了守军的抵抗意志，使守军不战而降，兵不血刃赢得了胜利，就此名声大噪。路易十四对罗西诺尔非常器重，甚至在自己的书房旁专门为罗西诺尔安排了一间办公室。而这间专门用来进行密码破译的办公室被叫作"黑室"。后来这一命名方式被各国负责破译的机构所沿用，也都自称为"黑室"。

图1-9 在位时间长达72年，在法国波旁王朝的历代君王中知名度最高的路易十四非常重视密码通信。

有人这样评价罗西诺尔："他是欧洲最出色的密码破译专家，任何密码都逃不过他的法眼，很多密信在他眼里就毫无密码可言，完全原形毕露。所以他成了路易十四最信任的重臣。"

罗西诺尔的儿子受父亲影响，也成了一位杰出的密码专家。父子俩不但帮助路易十四破译对手的密码，还为路易十四编制了一套专用密码，被称为"大密码"或"伟大密码"。路易十四对这套密码非常信任，几乎所有重要文件、档案和信件，都使用这套密码来加密。这套密码 200 年来都未曾被人破译。直到 1890 年，艾提恩尼·阿泽利斯才将其破译。他研究发现"大密码"有 587 个不重复的符号，苦思冥想之后，才猛然意识到这很可能是代表了 587 个音节，然后再经过反复研究对照在同一页上重复出现的符号，终于破解出了第一个单词，接着再比对这个单词前后的音节，一个个单词被破解，最终破译了这套大密码。

进入 18 世纪，各国对"黑室"的重要性都有了充分认识，纷纷建立了各自的"黑室"。当时最著名的就是奥地利设在首都维也纳的卡比内茨办事处，每天一早送往各国大使馆的信件都会被送到这里，被拆封、复制之后再重新封印，再于中午前送到各国大使馆。而从各国大使馆寄出的信件则会在下午 4 点之前先送到这里，同样拆封、复制之后再寄出。这样每天都会有大约 100 封密信需要破译。这个工作量非常大。因此卡比内茨办事处汇集了大量密码破译人员，他们经常在一起讨论，研究破译的方法和思路，以提高整体破译的水平。卡比内茨办事处的破译能力相当强，不但为奥地利提供了大量有价值的情报，而且还可以向别国兜售破译的情报，成为当时欧洲闻名遐迩的密码破译部门。

由于各国"黑室"卓有成效的工作，使得很多国家终于不得不采用更为安全的维吉尼亚密码，尽管维吉尼亚密码编制复杂，加密和解密的工作量大大增加，但比起安全性来说，这些都不算什么了。而随着维吉尼亚密码的大量应用，人力计算明显有些力不从心，机械式的加密机器，也包括破译机器顺理成章地被提上了议事日程。计算机，确切说机械式的计算机，终于登上了历史舞台。

说到机械式计算机，就不能不提到查尔斯·巴贝奇。他从小就是一个密码的狂热发烧友，他曾经破译了英国皇家首席天文学家弗兰斯迪斯的速记本，破译了查理一世夫妻之间的加密信件。他一直致力于研究密码，还计划撰写一本《密码破译的哲学》，但很可惜最终没有实现。他在密码破

图1-10 查尔斯·巴贝奇一直致力于研究密码,他在密码破译方面成绩斐然,最大的成就就是破译了维吉尼亚密码。

译方面成绩斐然,最大的成就就是破译了维吉尼亚密码,不过他从来没有公开透露过破译维吉尼亚密码的技巧。因为当时英国、法国与俄罗斯正在进行克里米亚战争,交战各方都在大量使用维吉尼亚密码,破译维吉尼亚密码自然是最高机密。后人根据他留下的笔记,发现了他破译维吉尼亚密码的路径:巴贝奇注意到在维吉尼亚密码中,会重复出现字母序列,这是因为维吉尼亚密码多表替换其实是多个单表替换的交汇。而针对每个单表替换都可以用频率分析法来破译。维吉尼亚密码的加密其实就是通过多个恺撒密码的位移而实现的,所以每隔几个字母就会出现同样的单表替换,只要通过计算每个替换字母表里出现的次数,与英语中标准次数比较,就可以计算出这些替换字母分别出自哪个字母表。

和巴贝奇不同,同样破解了维吉尼亚密码的普鲁士退役军官弗里德里希·卡西斯基在自己编著的《密写与破译的艺术》一书中就很详细地介绍了破译维吉尼亚密码的技巧:他是从关键词也就是密钥入手,从理论上说,密钥的长度可以是无限的,但一般不可能超过明文的长度。不过在实际操作中,密钥的长度都在20位以下,这是综合考虑到操作的便利和安全性的结果。20位在实际操作中也已经太长了,很多维吉尼亚密码的密钥都是5位左右。而这对于数学家来说,这简直就是原先彩票是36选7一下放水成了3选1,完全就是在送大礼包了。只要密文足够长,就会发现间隔一定数位之后,一定会有规律重复出现特定的字母组,这就是破译的突破口。

所以，在破译维吉尼亚密码的领域中，卡西斯基的贡献因此被获得了公认。

巴贝奇最大的贡献，不是破译了维吉尼亚密码，而是发明了差分机和分析机。

1812年，巴贝奇发明了第一代小型差分机，这台机械可以按照指令自动计算不同的函数，毫无疑问，这就是程序控制的肇始！而这一年巴贝奇才刚刚20岁。

1822年，第二代差分机问世。这台机器的运算精度达到6位小数点，而且还能演算好几种函数表格。这是人类第一种会自动制表的机器。

1834年，巴贝奇开始研究分析机，这是人类历史上第一台机械式通用计算机，设计理念相当先进，堪称现代电子计算机的先驱。已经设想了键盘、显示器、CPU和内存等关键部件，只是不是用电源而是用蒸汽驱动的。由黄铜纤维制成，机体非常庞大，长30米，宽10米。但是很可惜，巴贝奇耗尽一生，直到1871年去世也未能完成。

不过，在巴贝奇研制分析机过程中，他得到了英国著名诗人拜伦的独生女阿达·奥古斯塔的支持和激励，而且阿达也作为巴贝奇的助手承担分析机编制函数计算程序的重任。最后她成功编写了三角函数程序、级数和相乘

图1-11 差分机可以按照指令自动计算不同的函数，这就是程序控制的肇始。所以差分机的发明人巴贝奇被誉为现代计算机的鼻祖。

程序，这也是人类历史上首次为计算机编写的程序。虽然是最早的程序，但用今天的眼光来看，也依然非常完美。

巴贝奇是当之无愧的现代计算机的鼻祖。

当密码进入机械式时代，密码的自动加密机或者解密机，其实就是专用的机械式的计算机。这一设计在两次世界大战期间发展到了巅峰。而计算机，无论是早期的机械式，还是后来的电子式，都在密码编制和破译中发挥了极其重要的作用。

此外，在西方密码界，《圣经》中隐藏的密码也是一个长盛不衰的话题，直到20世纪末，都还有关于《圣经密码》的畅销书火爆一时。早在13世纪，就有人提出了"圣经密码"的观点，不少人穷其一生都在研究隐藏在《圣经》中的密码。20世纪初捷克传教士迈克尔·魏特曼就发现在早期希伯来语版本的《圣经》中，从《创世记》《出埃及记》到《民数记》《申命记》等章节中，每隔50个字母就可以拼读出"Torah"这个单词。

1994年以色列数学家伊利亚湖·瑞普斯和道伦·魏兹腾联名在《统计科学》杂志上发表文章，公布了他们发现《圣经》密码的秘密，从耶稣诞生到现在近2000年的时间里，全世界著名的32位圣贤的姓名、生卒年月都在《圣经》里以等距离字母跳跃的形式出现。瑞普斯破译的方法其实并不复杂，就是将《圣经》里现代标点、音符和词语都删除之后，所有的希伯来字母排列成矩阵，再检索相应的字母组合就可以找到答案。尽管有不少人认为瑞普斯的研究纯粹是哗众取宠，但还是有很多人认为在《圣经》里肯定隐藏着未知的秘密。

这一点就有点类似中国的《易经》和《推背图》。

《易经》源自周文王发明的八卦，因此周文王也可以说是一位出色的密码专家，他是创造了一种图文体系来传递信息。周文王给八卦的每个卦象取了一个字的名称，分别是乾（☰）、坎（☵）、艮（☶）、震（☳）、巽（☴）、离（☲）、坤（☷）、兑（☱）。接着再发展出64卦，周文王也给64

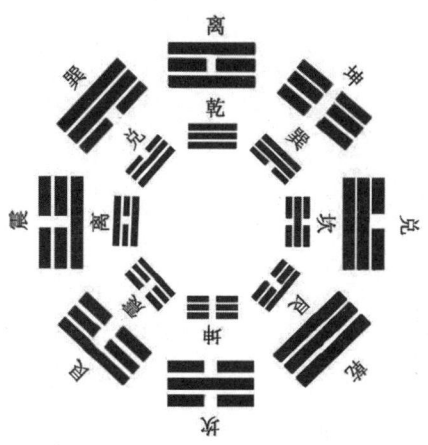

图1-12 周文王发明的八卦，其实也是一种图文密码体系。周文王给八卦的每个卦象取了一个字的名称，分别是乾（☰）、坎（☵）、艮（☶）、震（☳）、巽（☴）、离（☲）、坤（☷）、兑（☱）。

卦分别起了卦名，还配有简单扼要的卦辞。64卦其实就是6组阴阳构成的完整的符号体系，等于就是六维二进制的向量，每个向量就代表一个卦，每个向量的变化就代表了一个爻，这样就总共出现了64卦，384爻。

周文王的第四个儿子周公在384爻的基础上，再加上乾卦和坤卦各一个，就组成了386爻，他还分别一一起了爻名，这样就基本构成了《易经》的理论体系。

从某种角度来看，也是一种密码体系，简单来说，阳就是0，阴就是1，而八卦的卦象就是0到7这八个数字的二进制数学表示，所以完全可以用密码的逻辑来解释《易经》。

在中国古代，最著名的密码体系自然就非《推背图》莫属了。《推背图》据说是唐朝著名的天文学家、数学家袁天罡编著，共60象，每一象包括一个卦象、一张图片、一段谶语和一首"颂曰"的律诗。《推背图》号称预言了从唐朝到之后数千年间的大事。不过，《推背图》的密码所隐藏的秘密，是有关朝代更替，预测未来的重大信息。因此后世经常有人利用

《推背图》作为天授神器的预兆，蛊惑人心，发动起事。所以，后来各朝都将《推背图》列为禁书，但也因为如此，出现了各种假冒的《推背图》，到如今鱼龙混杂，已经很难考证哪个版本才是真正的《推背图》了。

除了《易经》和《推背图》，中国古代也在密码术的发展上同样占有重要的一席之地。当然象形文字的汉字和西方字母文字映射到密码上同样有着本质的不同。

中国最早的文字甲骨文，也被认为就是一种密码文字。从1899年甲骨文被发现以来，迄今为止总共发现了大约15万片甲骨，扣除重复字，大约有4500个字，现在被破译出来能够明确意思的大约有2000个字。

中国古代最早有文字记录的密码是辅佐周武王灭商的姜子牙，他创造了阴符和阴书。阴符共有8种，根据尺寸不同，每种都代表一定的意义：大胜克敌符，长1尺；破阵擒将符，长9寸；降城得邑符，长8寸；却敌极远符，长7寸；警众坚宁符，长6寸；请粮益兵符，长5寸；败军亡将符，长4寸；失利亡士符，长3寸。敌人就算缴获了阴符，仅仅从尺寸上也是一点都看不出隐含的真实意思。

而阴书就是一种传递方法的加密，将一封竹简信件分成三部分，交给3个人各带一部分去送，只有3个人全部都到达目的地，将三部分拼在一起才能得出完整的内容。如果途中有一个甚至两个信使被俘，敌人也无法完整了解整个信件的内容。而要将3个信使全部截获，这在概率上就要比截获一人小很多了，几乎是不太可能的。

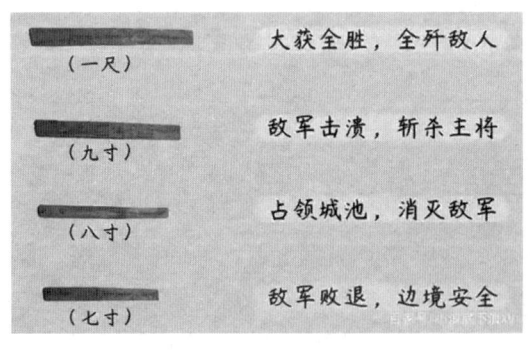

图1-13 姜子牙发明了阴符和阴书。阴符共有八种，根据尺寸不同，每种阴符都代表一定的意义。

周朝还有一个非常

著名的密码故事，就是周幽王烽火戏诸侯。很多人可能不认为烽火也是密码，在本书的前言里就说过，密码并不仅仅是文字或者电码，任何有含义的符号，除了文字之外，数字、图画、徽章、标识、手势、视频，甚至声音和动作都可以作为密码，所以从专业的角度，烽火自然也是一种密码。只是周幽王为了博取美人一笑，不惜用点燃烽火假告警召集诸侯，结果美人看到各路诸侯急冲冲赶来，乱糟糟的样子展颜一笑，但是诸侯却再也不信烽火信号，等到犬戎大举来袭，周幽王再点烽火告警，就再也没有诸侯率兵来救了，最后京城被攻破，周幽王也被犬戎所杀。密码失效，后果确实很严重。

北宋仁宗年间，中国第一部由官方主持编修，由天章阁待制曾公亮、工部侍郎参知政事丁度编著的兵书《武经总要》里，就详细讲述了一种密码术：

将当时战争中最常遇到的40种作战情况，分别编码，如：1请弓；2请箭；3；请刀；4请甲；5请枪旗；6请锅幕；7请马；8请衣赐；9请粮料；10请草料；11请车牛；12请船；13请攻城守具；14请添兵；15请移营；16请进军；17请退军；18请固守；19未见贼；20见贼讫；21贼多；22贼少；23贼相敌；24贼进兵；25贼

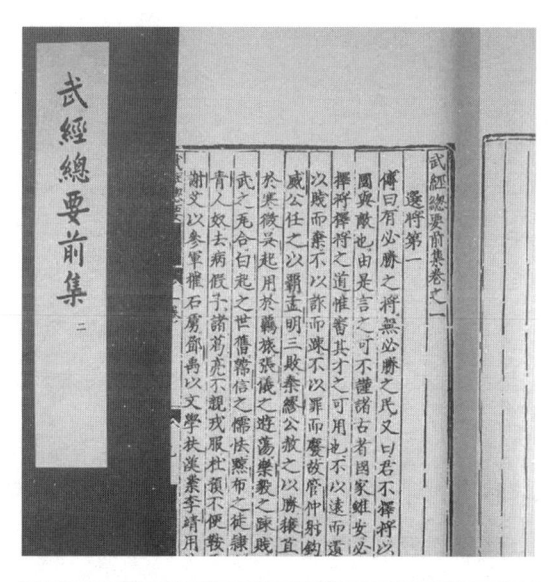

图1-14 北宋仁宗年间，中国第一部由官方主持编修，由天章阁待制曾公亮、工部侍郎参知政事丁度编著的兵书《武经总要》里，就详细讲述了一种密码术。

退兵；26贼移营；27贼添兵；28贼固守；29围得贼城；30解围城；31被贼

围；32 贼围解；33 战不胜；34 战大胜；35 将士投降；36 将士叛；37 士卒病；38 都将病；39 战小胜；40 战大捷。

然后统兵将领和兵部约定一首40个字的五言律诗，必须是没有重复的字，每个字代表一种情况。如果在战争中统兵将领遇到其中一种情况需要向兵部报告，就在正常公文中，有约定代表这一情况的这个字上盖个章，或者画个圈，标识出来。兵部接到公文，看到这个标识，对照一下约定的那首五言律诗里这个字，就知道前线遇到了什么情况了。而这封公文即便被对手截获，就算看到了标识，打破了脑袋也不可能知道代表了什么情况。因为本身五言律诗的数量就非常多，而且每个字代表什么情况也都可以随意转换，就算知道其中肯定有隐情，也无法破解。

这在古代简直就是无法破译的顶级密码了。

除了在军事上，密码在商业上也有用武之地。清朝著名的票号日升昌在办理银两汇兑业务时，创造性地采用了汉字代替数字的密码体系，例如用"谨防假票冒取勿忘细视书章"十二个字代替一年的十二个月，用"堪笑世情薄天道最公平昧心图自利阴谋害他人善恶终有报到头必分明"30个字分别代替一个月中的30天，用"赵氏连城璧由来天下传"分别代表0—9的10个数字，而十百千万则用"国宝流通"来代替。

汉字不是采用字母，所以希腊文英文的字母加密，无法适用于汉字。但是中国人同样有智慧，对汉字进行加密。最简单的就是字序加密，例如唐朝诗人王维的《相思》："红豆生南国，春来发几枝。愿君多采撷，此物最相思。"改变一下字序，就成了"春生此国多君豆愿红，枝来采发几最相撷似"。

汉字中用的最多的就是析字加密法，简单来说很多字谜都是采用这个方法。例如《三国演义》中就有一个非常著名的字谜。曹操有一次路过曹娥碑，看到碑的背面刻有"黄绢、幼妇、外孙、齑臼"8个字，曹操不解其意，手下谋士杨修聪慧过人，立即就猜了出来。黄绢，色丝也，于字为绝。幼妇，少女也，于字为妙。外孙，女子也，于字为好。齑臼，受辛也，于字为辞。所以这八个字其实就是"绝妙好辞"，形容曹娥碑正面的碑文是一篇写得好到绝妙的文章。

汉字的加密方法还有很多，这里也就不一一列举了。不过大都是古代文人用来娱乐比试，而很少用于军事。

明末清初著名军事理论家揭暄编著的《兵经百言》，就是用100个字来高度概括历代的军事理论的精要，其中对于军事上的保密就用一个"秘"字来概括，并具体阐述道："谋成于密，败于泄。三军之事，莫重于秘。一人之事，不泄于二人。明日所行，不泄于今日。细而推之，慎不间发。秘于事会，恐泄于语言。秘于语言，恐泄于容貌。秘于容貌，恐泄于神情。秘于神情，恐泄于梦寐。有行而隐于端，有用而绝于口。然可言者，亦不妨先露以示信，推诚有素，不秘所以为秘地也。"

这段话翻译成白话文，大意就是谋划成功关键就是保密，失败就是因为泄密。军事行动最重要的就是保密，一个人知道的事情，就不能让两个人知道。明天的行动，今天就不能泄露。要有随时随地应付突发状况的意识，时刻都要保持小心谨慎。秘密的事情会被语言所泄露，会被容貌所泄露，会被神情所泄露，甚至会被梦话泄露。行动要善于隐藏战略意图，执行任务要严守军事秘密。就是对可以说的人，也要先试探是否可以信任。但有时可以反其道而行，假意透露部分情报而赢得信任，表达某种诚意，看似泄密事实上是为了保守更大的秘密。

还有用"传"字来概括强调军事通信的保密，原文是："军行无通法，则分者不能合，远者不能应。彼此莫相喻，败道也。然通而不密，反为敌算。故自金、炮、马、令箭、起火、烽烟，报警急外；两军相遇，当诘暗号；千里而遥，宜用素书，为不成字、无形文、非纸简。传者不知，获者无迹，神乎神乎！或其隔敌绝行，远而莫及，则又相机以为之也。"

这段话翻译过来的大意就是：军队分开行动，如果相互之间不能通信，就会失败。如果可以通信，却不能保密，也会被敌人算计。所以军事通信除了锣鼓、旌旗、骑马通信、烽烟来联络外，两支部队相遇，还要验对口令暗语。当两支军队距离遥远，就要用保密通信，可以用置换、隐文等措施，传递信件的信使也不知道信件内容，就算被敌人缴获了也无法了解实情，要写在意料不到的地方，总之要采取保密通信，只有知道事先约定的人才能读懂机密通信的内容。

可见，这两段话基本上将军事上的保密和通信安全的重要性全都说到位了。可以说，早在600多年前的古人，就已经深刻领会了密码通信的意义和价值。

第二章 无线电催生了密码

1832年，波涛汹涌的大西洋上，41岁的美国画家塞缪尔·摩尔斯结束了在巴黎3年的绘画学业，正乘坐"萨丽"号客轮从法国返回美国。航行途中，摩尔斯曾和船长聊起在大海上如何同陆地通信联系，船长就给他讲了发现美洲新大陆的哥伦布的故事，哥伦布当时组织了一支包括6条船、300名船员的船队，在海上最困难的时候，曾经写了一封求援信，塞进密封的椰子壳里，扔到大海里，指望大海的洋流能把这封信送到西班牙。其实，这就有点漂流瓶的意思了。后来哥伦布历经千难万险，回到西班牙时，才知道国内压根没有收到这封信。连大智大勇的哥伦布对大自然都无可奈何，何况我们呢。

"的确，在这无边无际的大海之中，一艘船、一个人实在太渺小了。"摩尔斯望着茫茫的大海，心中禁不住发出这样的感慨。

当时大西洋航线的航行时间要几个月，客轮也不像今天的游轮，拥有很多娱乐设施，所以整个旅途漫长而且枯燥，乘客们只能靠打牌聊天打发时光。

摩尔斯在船上结识了一位来自波士顿的医生查尔斯·托马斯·杰克逊，他同时也是一位电学博士，对电学也是颇有建树，这次是刚刚参加了在巴黎举行的电学研讨会返回美国。两个人聊着聊着，杰克逊就聊起了这次研讨会上最新的关于根据电磁效应的原理，通过电线长距离传输电子脉冲的话题。

"什么是电磁感应？"摩尔斯对这个话题非常好奇，急切地追问。

于是，杰克逊就用通俗易懂的语言介绍了电磁感应现象。杰克逊还从行李箱中取出一块马蹄形的铁块以及电池等东西，演示给摩尔斯看。杰克逊解释道："这个就叫电磁铁。在没有电的情况下，它没有磁性；通电后，它就有了磁性。"

看得摩尔斯惊讶不已，"这真是太神奇了！"

神奇的电磁效应，让摩尔斯仿佛看见了一个奇妙无比的新天地，激起了他浓厚的兴趣，还利用他的绘画才能，绘制了一些机械装置的草图。接着，他又向杰克逊请教了许多电的基础知识，比如电的传递速度等，杰克逊也对他进行了详细解释。摩尔斯完全被迷住了，他想："电的传递速度那么快，能够在一瞬间传到千里之外，加上电磁铁在有电和没电时能产生不同的反应。利用这一特性不就可以传递信息了吗？"他马上就联想到船长给他讲过的哥伦布"大海传信"的故事，可见在大海上信息传递是多么重要啊！同样在陆地上能够迅速传递信息也是极其重要的。

于是，摩尔斯这位已经在绘画上颇有成就的画家，竟然做出了一个惊人的决定，放弃他的绘画事业，转而去研究利用电磁效应传递信息的新技术。

回到美国以后，摩尔斯就真的踏上了一条科学研究和发明的崎岖道路。他没有电学知识，就找来

图2-1 塞缪尔·摩尔斯利用电磁效应原理发明了电报。

相关书籍如饥似渴地学习。遇到一些自己不懂的问题，他便向美国著名的物理学家约瑟夫·亨利虚心请教，几乎成了亨利的学生。

他原来的画室成了电学实验室。画架、画笔、石膏像等绘画用品都被堆在角落，而电池、电线以及各种工具成了这间房间的"主角"。很快，摩尔斯就掌握了电磁基本知识。他信心十足，准备向发明"电报"发起冲击！

摩尔斯从有关资料中得知，在他之前，早就有人设想利用电来传递信息。早在1753年，当时人类对电的认识还处在静电感应时代，一位叫摩尔逊的英国电学家，就曾做过这样一个实验：架设26根导线，每根导线代表一个字母。当某一根导线通电，在导线的另一端，相应的纸条就被吸引，那么就可以知道是哪个字母。当时由于电源问题没有解决，因此摩尔逊的实验未能进一步深入研究。但这已经揭示了利用电来传递信息的可能性。

1799年，伏打发明了金属电堆，解决了恒速电流的问题。1820年，奥斯特发现了电流的磁效应。从此，人们就把电和磁合并在一起进行研究。这些研究成果都为摩尔斯的发明提供了有力的支持。

但是整整3年，摩尔斯画了无数张设计草图，做了无数次实验，可每一次都以失败而告终。3年的研究，将他以前绘画的积蓄也全部用完了，生活陷入了贫困。但他依然没有放弃。他想到，在他之前的发明家，往往是为了表达26个字母而去设计极为复杂的设备，而越复杂的设备制作起来自然越困难，出问题的概率也大大增加。他开始意识到，必须简化26个字母的信息传递方法，这样电报机的结构才会简单。

于是，用什么符号来代替26个英文字母就成了摩尔斯接下来苦苦思索的问题。他画了许多符号：点、横线、曲线、正方形、三角形。最后，最后他决定用点、横线和空白的不同组合方式来表示26个英文字母和阿拉伯数字。他为每一个英文字母和阿拉伯数字设计出一个完整的代表符号体系，这些代表符号由不同的点、横线和空白组成。这是电信史上最早的编码。后人称它为"摩尔斯电码"。

摩尔斯电码表

字符	电码符号	字符	电码符号	字符	电码符号
A	·—	N	—·	1	·————
B	—···	O	———	2	··———
C	—·—·	P	·——·	3	···——
D	—··	Q	——·—	4	····—
E	·	R	·—·	5	·····
F	··—·	S	···	6	—····
G	——·	T	—	7	——···
H	····	U	··—	8	———··
I	··	V	···—	9	————·
J	·———	W	·——	0	—————
K	—·—	X	—··—	?	··——··
L	·—··	Y	—·——	/	—··—·
M	——	Z	——··	( )	—·——·—

图2-2 用点、横线和空白的不同组合方式来表示26个英文字母和阿拉伯数字。这是电信史上最早的编码。后人称它为"摩尔斯电码"。

摩尔斯电码的发明具有划时代的里程碑意义，为电报通信奠定了基础，作为海事通信的国际标准一直使用到1999年。

1836年，摩尔斯发现电流通过导线的时候会出现火花，这触发了他的灵感，电流产生火花是一种信号，没有火花也是一种信号，火花出现的时间长度不同又是一种信号，这样3种信号组合起来，就可以表示点、横线和空白，进而表示字母、数字和标点符号，这样就可以通过导线来传递信息了。

有了简便可靠的电码，摩尔斯马上着手研制电报机。尽管他当时经济状况已经非常穷困，但仍然坚持研制工作。1837年9月4日，摩尔斯终于研制出了第一台电报机。这台电报机的发报装置很简单，是由电键和一组电池而组成。按下电键，就有电流通过。按的时间短促表示点信号，按的时间长表示横线信号。相比之下，收报机装置就要复杂一些，是由一只电磁铁及有关附件组成。当有电流通过时，电磁铁便产生磁性，这样由电磁铁控制的笔也就自动在纸上记录下接收到的点或横线。这台发报机的有效工作距离可以达到500米，这个工作距离今天看来，简直不值一提，但在当时已经是了不起的成就了。之后，摩尔斯继续对这台发报机进行了改进。

一项新发明是否真的有用，还要在实践中进行检验。摩尔斯计划在华盛顿与巴尔的摩两个城市之间，架设一条长约64千米的线路。为此，他请求美国国会拨款3万美元，作为实验经费。3万美元在当时是一笔相当不菲的金额，国会经过长时间的激烈辩论，终于在1843年3月，通过了拨款3万美元资助摩尔斯实验的议案。1844年3月，国会正式批准拨款，这样摩尔斯就有了进行两地通信实验的资金保障。很快，连接两座城市之间的电报线路顺利建成。

图2-3 1844年5月24日，摩尔斯在华盛顿国会大厦联邦最高法院会议厅中，用激动得发抖的手，敲击着他倾注十余年心血研制成功的电报机按键，向40英里（约64千米）以外的巴尔的摩城发出了人类历史上第一份长途电报，电报的内容是《圣经》中的一句话："上帝创造了何等的奇迹！"

1844年5月24日，摩尔斯在华盛顿国会大厦联邦最高法院会议厅中，用激动得发抖的手，敲击着他倾注10余年心血研制成功的电报机按键，向40英里（约64千米）以外的巴尔的摩城发出了人类历史上第一份长途电报，电报的内容是《圣经》中的一句话："上帝创造了何等的奇迹！"

此时，摩尔斯远在巴尔的摩的助手准确无误地把这句电文译了出来。成功了！摩尔斯电报的成功迅速轰动了美国、英国和世界其他各国，他的电报很快风靡全球。

自从摩尔斯发明电报之后，这种"闪电式的传播线路"得到了迅速发展，形成了巨大的通信网络。电报本身不是大众传媒，但它为大众传播提供了快速有效的通信手段，而作为现代重要传播媒介的通信社，也是在电报技术发明之后才出现和发展起来的。

上帝是不会创造奇迹的，但上帝很公平。摩尔斯，这位已经是小有名气的画家，转行10多年，在非常艰难困苦的情况下坚持研究，终于实现他的发明梦想，从此人类社会开启了电子通信时代的新纪元。

"上帝创造了何等的奇迹！"这句话也成为一句具有划时代意义的名句而被广为引用。

1958年，人类第一颗通信卫星发射成功，卫星从外太空发回地球的第一条信息，也引用了这句话，这时距离摩尔斯发出的第一封电报已经过去了124年！

摩尔斯因为发明电报而一举成名。1858年，欧洲多国联合给摩尔斯颁发了一笔40万法郎的奖金。在摩尔斯垂暮之年，纽约市政府在中央公园为他建造了雕像，以此来补偿这位伟大科学家陷于穷困依旧不懈努力发明创造的精神。

美国政府也在1869年发行的2美元纸币上采用摩尔斯和发明蒸汽轮船的罗伯特·富尔顿的头像，以此纪念两位伟大的科学家。

资料 2-1：塞缪尔·摩尔斯

塞缪尔·摩尔斯，1791 年 4 月 27 日出生于美国马萨诸塞州查尔斯镇。父亲迦地大·摩尔斯是美国地理学之父、兼基督教公理会牧师，他是家中的长子。父亲老摩尔斯是一个加尔文主义的传道者，也是一个美国联邦党的拥护者。他不但继承了清教徒严格遵守安息日的传统，也相信强大的中央政府以英语建立的联盟。他也把自己的这些思想灌输给了儿子小摩尔斯。

1910 年，刚从耶鲁大学毕业的摩尔斯希望当个画家，但他的父亲想要他有一份更踏实的工作，并安排他在马萨诸塞州波士顿的一家书店当学徒。然而，摩尔斯对绘画的强烈兴趣，最终让父亲改变了决定，允许摩尔斯前往英国学习艺术。

他在英国皇家艺术学院学习绘画，他的作品大都采用一种"浪漫"主义的画风，在大而宽阔的画布上以宏伟的姿态和绚丽的色彩描绘英雄传记和史诗事件。

1815 年，摩尔斯回到美国，在波士顿成立了自己的绘画工作室。他的大型历史题材绘画作品在美国艺术界引起了很大关注，但这种画作销量并不多，所以他

图 2-4 电报的发明人塞缪尔·摩尔斯。

更多是创作肖像画。此后他成为一名巡回艺术家,从新英格兰到卡罗来纳州寻找机会。尽管很困难,摩尔斯在此期间依然创作了一些作品,其中包括《拉斐特侯爵》和《乔治·华盛顿的肖像》。他的作品将熟练的技术与浪漫主义气息相结合,产生了戏剧性的绘画效果,因此很快在美国成为一位颇有影响的画家。

1825到1829年,摩尔斯的妻子、母亲和父亲接连去世,伤心欲绝的摩尔斯离开了美国前往法国继续深造绘画。

1832年,在回国的旅途上接触到了电磁效应的基本知识,由此而引发了浓厚兴趣。回国后就开始了对电报的研究。

1837年,在美国物理学家亨利等人帮助下,经过反复实验研制出第一台电磁式电报机。

1838年,电报机进入了实用阶段。后在美国国会的资金支持下,用了约2年时间建成从华盛顿到巴尔的摩全程64千米的电报线路。

1844年5月24日,进行了人类历史上第一次电报通信,揭开了人类通信史崭新的一页。

1872年4月2日,在纽约去世,享年80岁,后被安葬在纽约市布鲁克林区的绿荫公墓。

资料2-2：摩尔斯电码

摩尔斯电码，旧译作摩斯电码，是一种信号代码体系，通过不同的排列顺序来表达不同的英文字母、数字和标点符号。实际上是艾尔菲德·维尔1835年发明的，由于电报是摩尔斯发明的，可是他并没有相关的编码专业技术。所以他就与艾尔菲德·维尔签订了一个协议，让维尔帮助自己制作代码体系，然后制造出更加实用的设备。于是，维尔通过点、横线和中间的停顿，把26个字母、阿拉伯数字以及标点符号彼此独立地发送出去。之后他们就达成了一致，这种代码方案就被放到摩尔斯的专利中，所以这套代码体系以摩尔斯的名字来命名。是由点（.）横线（-）两种符号组成。点作为一个基本的信号单位，一横线的长度就相当于3个点的时间长度；在一个字母或是数字之内，每个点、横线之间的间隔是2个点的时间长度；字母（包括数字）与字母（包括数字）之间的间隔就是7个点的时间长度。

这种代码可以用一种音调平稳时断时续的无线电信号来传送，通常被称做连续波，可以是电报电线里的电子脉冲，也可以是一种机械的或视觉的信号（比如灯光闪烁）。

摩尔斯码在早期的无线电通信上的作用是非常大的，是每个无线电通信人员必须掌握的基本技能。因为通信技术的不断进步，摩尔斯电码在海事通信中被作为国际标准一直使用到1999年。可是由于它所占用的频宽最少，同时又具有一种技术及艺术的特性，所以在实际生活中依然还有着广泛的应用。

确切说，摩尔斯发明的是有线电报，虽然说已经实现了人类通信技术的一次飞跃,但是毋庸讳言,有线电报必须依赖电报线路,不但需要较大成本的基础投资,而且受到电报线路的局限,在实际应用上还是相当不便。所以,很快就有人开始设想,能不能有一种不需要固定线路的通信方式?

当然有!这就是无线电通信,或者无线电报,简称无线电。无线电通信是指在自由空间(包括空气和真空)传播的射频频段的电磁波。无线电波的波长越短、频率越高,相同时间内传输的信息就越多。将需要传送的声音、文字、数据、图像等电信号调制在无线电波上经空间和地面传至对方的通信方式,利用无线电磁波在空间传输信息的通信方式。

无线电通信技术的原理根据无线电是一种在空间内自由传播的电磁波的特性,将导体中电流发生强弱变化时产生的无线电波作为载体,信息调制应用其中,承载着信息的电磁波在空间中进行传输,并到达无线电广播终端设备,电波在这时发生了磁场变化,由于导体中有电流,需要使用解调方式将数据信息提取出来。

无线电波含有迅速振动的磁场。振动的速度就是波的频率,以赫兹(Hz,著名的物理学家的名字)为单位。1赫兹等于每秒振动一下。1千赫(kHz)等于1000赫兹。不同频率的波段用来发射各种不同的信息。

1864年,英国物理学家詹姆斯·克拉克·麦克斯韦在他向英国皇家学会递交的论文《电磁场的动力理论》中,在总结前人研究电磁现象的基础上,详细阐明了电磁波传播的理论基础,建立了完整的电磁波理论体系。他断定电磁波一定存在,并推导出电磁波与光具有同样的传播速度。他认为变化的电场会激发磁场,变化的磁场又会激发电场,这种变化着的电场和磁场构成了电磁场,以横波的形式在空间传播。

图2-5 英国物理学家詹姆斯·克拉克·麦克斯韦在总结前人研究电磁现象的基础上,详细阐明了电磁波传播的理论基础,建立了完整的电磁波理论体系。

他还建立了描述电场、磁场与电荷密度、电流密度之间关系的偏微分方程,被称为麦克斯韦方程。麦克斯韦方程由描述电荷如何产生电场的高斯定律、论述磁单极子不存在的高斯磁定律、描述电流和时变电场怎样产生磁场的麦克斯韦安培定律、描述时变磁场如何产生电场的法拉第感应定律等4个方程组成。

他将"电"和"磁"统一了起来,他还发现光速和电磁波的速度几乎一样,因此他预言光本身就是一种电磁波。

麦克斯韦是公认最有影响力和最伟大的物理学家,因为没有电磁波,就没有现代电工学,也就没有现代文明。而麦克斯韦的电磁波理论,就是这一切的理论基础。

1886年,海因里希·鲁道夫·赫兹想要通过实验来验证麦克斯韦的电磁波理论。他设计了一个振荡电路,这个电路可以使得两个金属球之间周期性的发出电火花。根据麦克斯韦的理论，只要有电火花出现，就应该有电磁波产生。于是，为了检验是否有电磁波，他又设计了一个有缺口的金属环状线圈。结果，缺口处果然出现了火花，这说明确实有电磁波产生，也证明了无线电辐射具有波的所有特性，并发现电磁场方程可以用偏微分方程来表达，通常称为波动方程。

图2-6 海因里希·鲁道夫·赫兹通过实验来验证麦克斯韦的电磁波理论。他证明了无线电辐射具有波的所有特性，并发现电磁场方程可以用偏微分方程来表达，通常称为波动方程。

赫兹的实验验证了麦克斯韦的理论，赫兹的这个实验也因此成了物理学史上最重要的科学实验之一。

光在真空中是沿着直线传播的，根据麦克斯韦的理论，光就是电磁波，所以电磁波也是具备这样的属性。赫兹的实验验证了麦克斯韦的理论，从而开启了一个新世界。科学家们开始思考：是不是可以通过电磁波来传递信息，这样不就可以实现无线通信了吗？

在接下来的10多年间，有好几位发明家都研制出了不同类型的无线电装置，他们分别是奥利弗·洛奇、尼古拉·特斯拉、亚历山大·斯捷潘诺维奇·波波夫和伽利尔摩·马可尼（旧译古列尔莫·马可尼）。

英国物理学家奥利弗·洛奇与赫兹差不多同时证明了电磁波的存在，随后洛奇就开始了调频装置的研制，并于1898年获得美国专利局授予的"调频"专利，此外洛奇从赫兹的实验电路中找到了灵感，制作了一个电磁波接收器，能够接收800米以外的电磁波信号，这在当时的技术条件下，绝对是非常了不起的成就。他的成果极大推进了无线电的发展。

图2-7 英国物理学家奥利弗·洛奇证明了电磁波的存在，并于1898年获得美国专利局授予的"调频"专利，他的成果极大推进了无线电的发展。

关于无线电的发明，至今还是一个具有争议性的话题，甚至连无线电发明的专利，都有过波折。争议的焦点主要是特斯拉、波波夫和马可尼三人。实际上宣称发明了无线电的，远远不止这三人，还有包括像普平、爱迪生、费先登、斯拉比、布朗、汤姆逊和斯图恩这些世界级的发明家，以至于无线电的发明成为一桩乱象丛生的公案。

特斯拉是美籍塞尔维亚裔科学家，他1893年在美国密苏里州圣路易斯首次公开展示了无线电通信。在为费城富兰克林学院以及全国电灯协会做的报告中，他描述并演示了无线电通信的基本原理。他发明的设备包含电子管发明之前无线电系统的所有基本要素。

对于这次具有历史性意义的演示,詹姆斯·魏特教授这样评价:"根据1893年特斯拉的发现而绘制出来的简图,标志着无线电通信的诞生。应当承认,在这之前赫兹已进行过很有见地的理论和实验研究工作,证明了火花释放电在一定距离之外的作用。但是,特斯拉的发现比马可尼发明并实际演示无线电报要早好几年。"

图2-8 美籍塞尔维亚裔科学家特斯拉,他首次公开展示了无线电通信。在为费城富兰克林学院以及全国电灯协会做的报告中,他描述并演示了无线电通信的基本原理。

特斯拉首先提出了无线电通信的概念,并开始付诸实施,只不过当时他更热衷于无线发电技术。特斯拉的投资人发现特斯拉以"无线电通信"的名义拉投资,却用来做其他项目的研究。于是,拒绝再为特斯拉提供资金上支持,这也使得特斯拉在无线电通信上的研究再无后续。

今天,人们一提起特斯拉,首先就会想到马斯克的电动汽车,没错,马斯克正是以这位无线电发明人的名字来命名自己的公司,以此表示对这位伟大发明家的敬意。同时,也正是因为他在无线电领域的杰出贡献，国际计量组织才会以他的名字命名磁感应强度的单位名称。

接着，再来说说亚历山大·波波夫，他是俄国物理学家。赫兹的电磁波实验，引起了整个科学界的轰动，许多科学家开始加入对电磁波的研究和实验，波波夫也是其中一员。不过，波波夫最开始的兴趣是研究雷暴和闪电等大气现象所造成的电磁反应，而不是无线电通信。因为波波夫是海军，极端天气对航海有很大威胁，所以他希望能借助于电磁反应进行气象预报，提高气象预报的准确性。

1894年，波波夫在传统电磁波检测装置（粉末检波器）的基础上，进行改进，发明了第一台无线电接收器，一个金属检波器，比以往的装置灵敏度有了大幅提升。

1895年，波波夫又在此基础上发明了可以接收闪电发出的电磁波装置，这个装置实际上就是一种天线装置。他将检波器的一端与天线连接；另一端接地，检测到了许多1000米以外大气中的放电。这是人类首次利用天线，接收到自然界的无线电波。

1895年5月7日他在彼得堡物理和化学协会物理学部年会上演示了他发明的一台无线电接收装置以及雷电指示器，他把这个装置称为"雷电指示器"。这一天后来被俄罗斯定为"无线电日"。

1895年7月，这个装置被安装在圣彼得堡林学院的气象台，很明显是用来进行气象预报的。几个月后波波夫又发表了一篇题为《金属屑同电振荡的关系》的论文，在论文中他详细说明这种装置是如何接收人工震荡源的信号，他表示只要有足够的电源,他的设备也可以用于接收来自人造振荡源的信号。接收人造信号这其实就已经是无线电通信的应用了。

1896年3月,波波夫和助手雷布金在彼得堡俄国物理学年会上,正式演示了用无线电传递摩尔斯电报码。他在彼得堡大学的距离约为250米的两幢建筑物之间进行了发送和接收电磁波信号的实验。俄罗斯物理学会分会会长佩特罗司赫夫基教授,当场把接收到的电报字母逐一写在黑板上,最后得到的报文是:

图2-9 俄国物理学家亚历山大·波波夫在1896年3月彼得堡俄国物理学年会上,公开演示了用无线电传递摩尔斯电报码。

"HEINRICH HERTZ"——海因里希·赫兹,波波夫正是以此来表示对赫兹的敬意,同时这封电报也成为人类历史上第一次有明确内容的无线电报。这此公开演示比马可尼1896年6月取得专利的无线电装置要早3个月。

演示结束后,波波夫信心十足地表示:"我的仪器在进一步改良以后,就能够凭借迅速的电振荡进行长距离通信"。

不过,波波夫没有版权意识,他没有像特斯拉和马可尼那样第一时间去申请专利。不然的话,无线电发明的专利,这场专利战争就要有3个人参与了。

图2-10 1894年,波波夫在传统电磁波检测装置的基础上,进行改进,发明了第一台无线电接收器,一个金属检波器,比以往的装置灵敏度有了大幅提升。

后来,马可尼的专利图纸传到俄国,人们发现,图纸上的设计和波波夫的发明非常相似。因此俄罗斯物理化学协会声称,波波夫才是真正的无线电发明者。然而,这个时候说什么都晚了,国际上已经普遍认可了马可尼的发明专利权。

1897年,俄国政府利用波波夫的技术,在克伦施塔特建立了无线电台。同年夏天,相隔5000米的两艘俄国军舰,借助于无线电台实现了远距离通信。

1900年初,波波夫的无线电技术更趋成熟,电台的通信距离增加至45千米。同年,俄国海军在波波夫的指导下,在波罗的海中的高戈兰岛设立了无线电台,和芬兰沿海城市科特卡之间实现了无线电通信。这个电台后来多次在救援附近海域触礁的军舰和受困的渔民时发挥了作用。

也正是在1900年,波波夫的无线电系统在巴黎国际博览会上获得金牌。

1901年，波波夫被圣彼得堡大学电气工程学院聘为教授，4年后的1905年，他被任命为院长。

但非常可惜，1906年，波波夫就因突发脑溢血而去世，年仅47岁。波波夫的英年早逝，无疑是物理学界的重大损失。不少科学家认为，如果他还能多活一年，1906年度的诺贝尔物理学奖一定非他莫属，因为诺贝尔奖只颁发给活着的人，不追授。

1945年，为了纪念波波夫在无线电方面的卓越贡献，苏联政府部长会议经过投票，将5月7日规定为苏联的"无线电节"。直到现在，俄罗斯都不认可马可尼的发明，始终认为波波夫才是无线电的真正发明人。

资料2-3：无线电发明的"专利战争"

1896年12月，马可尼在英国申请了无线电的商业专利，专利号12039——这是世界上第一个关于无线电的专利。随后他在1897年创办了无线电报及信号有限公司，后来更名为马可尼无线电报公司。也因为这项发明，马可尼获得了1909年诺贝尔物理学奖。

1897年，特斯拉在美国获得了无线电技术的专利。但是，美国专利局于1904年却又撤销了他的这项专利权，转而授予马可尼发明无线电的专利。这一举动现在很多人认为可能是受到马可尼在美国的合作伙伴、资金提供者，包括托马斯·爱迪生、安德鲁·卡耐基这样重量级人物影响的结果。

1915年5月13日,在马可尼控告大西洋通信公司的一起诉讼案件中,普平教授为被告出庭作证,他反复指出,特斯拉将他的无线电发明贡献给了人类;大西洋公司的专家所以拒绝承认马可尼的一些无线电专利,根据之一就在于此。

1915年8月,特斯拉也对马可尼公司提起诉讼。同时马可尼公司也控告美国政府,指控美国政府在第一次世界大战期间侵犯了"马可尼的"专利。

关于无线电专利到底属于谁,来来回回折腾了好几十

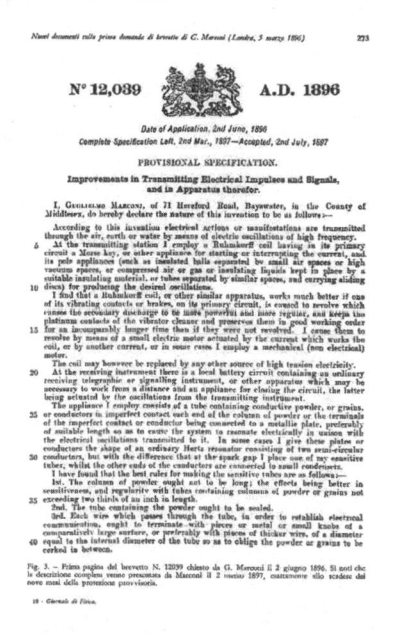

图2-11 1896年12月,马可尼在英国申请了无线电的商业专利,专利号12039,这是世界上第一个关于无线电的专利。

年。不但在司法界，就是在科学界，也成了一桩众说纷纭的公案。直到1943年6月21日，就在特斯拉去世后不久，美国最高法院推翻了承认马可尼发明专利权的原判，最终裁定：尼古拉·特斯拉提出的基本无线电专利早于其他竞争者，无线电专利发明人是尼古拉·特斯拉。但是有学者认为美国最高法院的裁决可能是为了帮助美国政府逃避第一次世界大战期间支付给马可尼的专利费用。

尽管马可尼的发明在时间上确实要晚于特斯拉和波波夫，但他却是第一个申请了无线电专利的人，而且对于无线电的大规模商业应用做出了巨大贡献。正如发明电话的贝尔，发明电灯的爱迪生其实都不是第一发明人，但他们让这些发明大规模应用了。于是，人们更多地记住了他们的名字，却没有记住第一发明人的名字。

最后，再来说说马可尼。伽利尔摩·马可尼1874年出生在意大利的博洛尼亚市。他的家庭非常富有，名副其实的富二代，所以他从小就没有在正规学校里读书，而都是由私人教师来教导，同时马可尼也在父亲的私人图书馆里尽兴地饱览群书。他从小就对电学非常有兴趣，喜欢摆弄线圈、电铃之类。所以后来马可尼的父母请了博洛尼亚大学的教授奥古斯托·里吉给他当家庭教师，里吉是当时电磁学方面的著名学者，在里吉的教导下，马可尼了解到了电磁学的理论。对马可尼，里吉也很赞赏，他甚至允许马可尼到博洛尼亚大学自己的实验室里做实验。而且在后来很长时间里，里吉都和马可尼一直保持着联系，不断将最前沿的电磁理论的发展告诉马可尼。

1894年，也就是赫兹去世的那年，刚满20岁的马可尼在电气杂志上知道了赫兹的实验和洛奇的报告，他认为既然赫兹能在几米外测出电磁波，那么只要有足够灵敏的检波器，也一定能在更远的距离测出电磁波。经过多次的失败，他终于迈出了可喜的第一步。他在家中的楼上安装了发射电波的装置，楼下放置了检波器，检波器与电铃相接。他在楼上接通电源，楼下的电铃就响了起来。晚上，马可尼的父亲看到了这个新奇的装置，立即就意识到其中的价值，把之前对马可尼的不满都抛到九霄云外，再也不叫他"不切实际的空想家"了，并开始给儿子的研究提供资金支持。

马可尼初战告捷后，信心更是大大增强了。他大量搜集电磁学的资料和文章，不管这些文章的作者是闻名遐迩的大家，还是无名之辈，只要对他研究有所启发的文章，他都认真阅读，仔细分析。他把各家的优点、缺点都梳理清楚，改进自己的研究。

赫兹的装置可以解决很短距离的无线电通信，而洛奇和波波夫都能达到1000米的无线电

图2-12 意大利人人伽利尔摩·马可尼在主流观点中被认为是无线电的发明人，尽管对此还存在很多争议。

通信距离。1000米对实验室来说已经是巨大成果，但对于实际应用来说，却是远远不够的。而马可尼解决无线电通信的办法也主要集中在改良赫兹的实验装置，尤其是在发送端和接收端。

1895年夏天，马可尼又完成了一次非常成功的实验。到了秋天，实验又获得更大进步。他把一只煤油桶铺展成一块大铁板，作为发射的天线。把接收机的天线高挂在一棵大树上，用以增加接收的灵敏度。他还改进了洛奇的金属粉末检波器，在玻璃管中加入少量的银粉，与镍粉混合，再把玻璃管中的空气排除掉。这样一来，发射方增大了功率，接收方增加了灵敏度。他把发射机放在一座山冈的一侧，接收机安放在山冈另一侧的家中。当他的助手发送信号时，他守候着的接收机接收到了信号，带动电铃发出了清脆的响声。这响声对他来说显然是无比悦耳动听。这次实验的距离达到2.7千米。

1896年，马可尼无线电装置的性能进一步提升，通信距离达到了14千米。由于向意大利申请专利没有获得批准，马可尼就携带着自己的无线电装置来到英国，结识了英国邮政总局的总工程师威廉·普利斯，得到了普利斯很多帮助。同年12月，马可尼取得了无线电报在世界上的第一个专利——"电脉冲及信号传输技术的改进以及所需设备"，实际上不少人认为马可尼只是在前任的研究成果上改进了无线电。

随后，他在伦敦、萨里斯堡平原以及跨越布里斯托尔湾都成功地演示了他的通信装置。

1897年7月，马可尼成立了无线电报及电信有限公司，后来改名为马可尼无线电报有限公司。并在斯佩西亚向意大利政

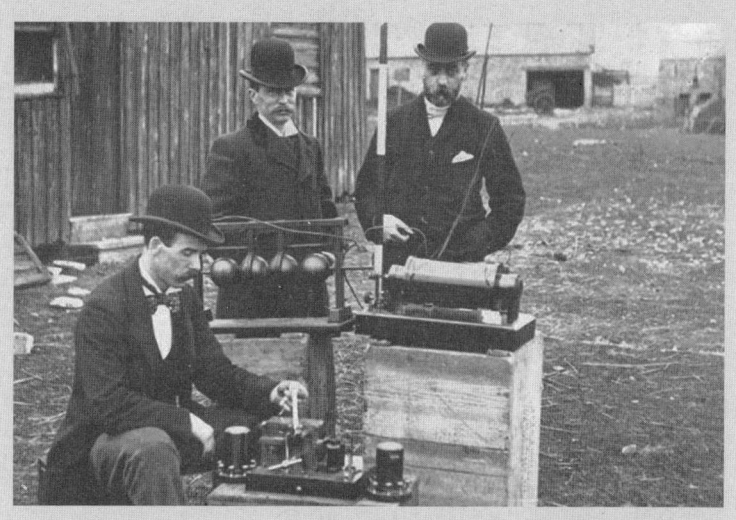

图2-13 1895年夏天,马可尼完成了一次非常成功的无线电通信实验。

府演示了12英里(约19千米)的无线电信号发送。

1898年,马可尼在英格兰切尔姆斯福德的霍尔街开办了世界上第一家无线电工厂,员工大约50人。

1899年,他建立起了跨越英吉利海峡的法国和英国之间的无线电通信。他在尼德尔斯、怀特岛、伯恩默斯,后来又在哈芬旅社、普尔和多塞特建立了永久性的无线电台。就在这年的"美洲杯"快艇赛上,马可尼在快艇上用无线电播报比赛实况,一时轰动了全世界。

当时,马可尼的理想是要让无线电波"绕行全世界",但这个想法在科学界引起了很大争议,有科学家认为远距离传播无线电波是不可能的,因为地球是圆的,而无线电波是直线传播的,最多只能到达与地面正切角度的范围之内,所以不可能被地球另一半的人接收到。马可尼虽然当时还不知道无线电波可以被大气电离层折射而返回地面的科学原理,但他却坚信,对科学的探索,终将解决这个问题。

此外,马可尼还发现无线电之间会互相产生干扰,为了解决这个问题,马可尼引入了谐振电路,并于1900年马可尼为他的"调谐式无线电报"取得了著名的第7777号专利。

1901年12月,马可尼决定用他的发报系统来证明无线电波不受地球球体表面弯曲的影响。马可尼的助手在英国康沃尔郡的波特休,每天在约定好的3小时里,一遍遍发送字母"S"(在摩尔斯电码中就是3个点),而马可尼则在美国纽芬兰省的圣约翰斯的悬崖上,焦急地等待接收。一连好几天都没有成功,直到12月12日,马可尼在圣约翰斯一座钟楼顶上,升起400米高的风筝作为接收天线,终于在约定的12时30分,电话听

图2-14 马可尼发明的发报机,在当时是非常先进的无线电通信装置。

筒里传来了三声微弱但又清晰的嘀嗒声——这个无线电波穿越了大西洋，这也是人类历史上首次穿越大西洋的无线电信号。从英国康沃尔郡传到美国纽芬兰省的圣约翰斯之间的大西洋，距离为2100英里（约3380千米）。

1902—1912年，他还取得了多项新发明的专利权。1902年他在美国"费拉德尔菲亚"号邮轮的航程中实验了无线电报通信的"白昼效应"。尤其是1902年取得的"磁检波器"的专利，在以后的许多年中成为标准的无线电收报机。

1902年12月他第一次从新斯科舍州的格莱斯湾，后又从马萨诸塞州的科德角向波特休发送了第一封完整的电文。这些早期的实验导致了在1907年开通了格莱斯湾和爱尔兰克利夫顿之间的第一次跨越大西洋的商业无线电报业务，从而使无线电事业达到了高峰。他还建立了意大利的巴里和门特内哥罗的阿维达里之间的短距离民用无线电报。

1905年马可尼又取得了水平定向天线的专利，1912年发明了能够产生连续电波的"间断火花"系统。

1909年，马可尼和卡尔·费迪南德·布劳恩因为"发明无线电报的杰出贡献"而获得诺贝尔物理学奖。

1912年，当时世界上最大的邮轮"泰坦尼克"号上就安装了马可尼公司生产的无线电通信设备并设了报务员。

在无线电报发明之前，船只出航其实就是和大自然的博弈，出航就是失联，在漫长的海上航行中，船员们没有任何的通信手段可以和大陆上的人通信。只有当船只进入某个港口，人们才知道它安全到达了。而"泰坦尼克"号这次出航，就再也没有回来。轮船撞上冰山之后，报务员通过无线电发出求救信号，附近船只收到后赶来救援，最终救起了710名乘客。无线电通信的作用使得那个时代的人们十分惊叹，尤其是在"泰坦尼克"号沉船事故之后，人们开始意识到无线电通信的重要性。《泰晤士报》发表了这样的评价："我们感谢马可尼发明的装置，它使'泰坦尼克'号能够最快地发出求救信号。在这之前，很多船只没有发出任何遇难信号就沉没了。"也是从"泰坦尼克"号事件之后，SOS成为国际通用的求救信号而广为人知。也只有在无线电通信广泛应用之后，摩尔斯当初在大海上都可以方便进行联系的梦想才最终实现。

1914年，第一次世界大战爆发，马可尼应征入伍，成为意大利军队的中尉，后来晋升上尉。1916年晋升中校，调到海军司令部任职。战争期间马可尼在意大利海军服役时，对他早先在实验中使用过的短波重新进行了研究。

图2-15 1912年，当时世界上最大的邮轮"泰坦尼克"号上就安装了马可尼公司生产的无线电通信设备并设了报务员。由于在沉没前及时用无线电发出求援信号，拯救了很多人的生命。

在第一次世界大战期间，由于有斯坦梅兹、亚历山大逊以及丹普斯特等堪称天才的工程技术人物，设在斯克内克塔迪的通用电气公司终于成功地将无线电频率振荡器的小型实验模型放大成为巨大的200千瓦生产样机,并且将第一台安装在新泽西州新布伦瑞克的马可尼世界无线电站,用它取代了该站原先一台笨重、采用高功率火花发射机。当这座无线电站开始进行稳妥可靠的横贯大西洋通信业务时,特斯拉应邀作为贵宾参加开业典礼,这对特斯拉来说,与其说是荣耀还不如说是一种讽刺。1919年4月,伍德罗·威尔逊总统提出的停战条件,就是由该站通过无线电发给德国恺撒·威廉皇帝的。

马可尼和英国的合作者共同做了进一步的实验之后,于1923年在波尔杜的电台和当时巡航在大西洋和地中海

图2-16 马可尼发明的无线电在第一次世界大战中发挥了极其重要的作用。

的快艇"艾列特拉"号之间做了一系列的实验。这些实验最后使建立远距离定向通信系统成为可能。英国政府随即采用这种系统作为英联邦国家之间的通信方式。

马可尼在无线电装置发明成功后,并没有就此满足,而是继续加以改进。他不仅改进了检波器,将原来的金属粉屑检波器改进为矿石检波器来接收电波,还改进了天线的技术,最早赫兹做实验时设计的火花放电装置伸出去的两根金属棍,是马可尼

改为一整根，专业名词叫"垂直极化天线"。

1926年英国和加拿大建立了第一台定向无线电台。第二年又增设了其他电台。

1931年马可尼开始研究更短波的传递特性，1932年在楚蒂冈城和卡斯特尔—甘多尔福的波普夏宫之间创立了世界上第一次微波无线电话联系。

1934年之后马可尼在塞斯特里—累旺特演示了导航用的微波无线电航标。

1935年，马可尼又在意大利对雷达原理做了实际表演，这是他早在1922年在纽约向美国无线电工程学院做的一篇报告中首次预言过的。

1937年，马可尼去世，在意大利罗马有近1万人为他送葬。同时，英国所有的无线电报和无线电话，以及大不列颠广播协会的广播电台全部停止工作2分钟，向这位无线电领域的伟大人物致哀。

虽然，无线电究竟是谁发明的，至今还有争议。但马可尼以及其他几位为无线电通信领域作出巨大贡献的科学家，都是我们需要铭记的科学先驱，他们发明的无线电通信，对于人类文明来说，意义是难以估量的。甚至说没有无线电，就没有现代文明，也都不为过。

无线电通信相比有线电报，优势是极其显而易见的。不需要电报线路，只要有无线电收发装置，除了极端天气和地形的影响，无线电通信几乎是随时随地都可以进行联系。但是，无线电通信也有一个与生俱来的缺陷——开放性，无线电信号是在整个地球空间传播，只要有接收装置，任何人都可以收到。在通信高度便捷的同时，安全性也成了最大的问题。尤其是在军事通信方面，无线电通信如果采用摩尔斯电码，那么就等于将所有的机密都向全世界公开。于是，伴随无线电通信的出现，密码就如影随形。而也只有进入了电报时代，尤其是无线电通信时代，密码的"码"才算真正是名副其实的"码"，电码的"码"。

密码也进入了一个全新的时代，一个在军事通信上不可或缺的时代。

资料2-4：最广为人知的密码——SOS国际救援信号

最早马可尼无线电公司先采用"CQD"作为船舶遇难求救信号。这个信号来源于当时欧洲铁路无线电通讯的一般呼号"CQ"后面加上一个字母"D"。因为"CQD"信号只是在安装了马可尼公司无线电设备的船只上使用，所以并不是国际统一的遇难求救信号。而且，"CQD"与一般呼号"CQ"只有一字之差，在通信时很容易混淆。

1906年，第二届国际无线电会议上德国代表建议采用"SOE"作为求救信号。有人指出字母"E"在摩尔斯电码中就是一个点，在发报和接收时很容易被疏漏或者误解。接着就有人提出再用一个"S"来代替"SOE"中的"E"，也就是将"SOE"改为"SOS"。这三个字母的组合原来没有任何实际意义，只是因为在摩尔斯电码中，S是三个点，O是三条横线，SOS就是三个点，三条横线，再三个点，这三个字母组合在摩尔斯电码系统中发报方很容易发出，接报方也很容易辨识。

1908年，国际无线电报公约组织正是宣布将"SOS"确定为国际通用的海难求救信号。

1909年8月，美国"阿拉普豪伊"号轮船无法航行，就发出了"SOS"求救信号。这是第一次使用这个信号。

在宣布"SOS"作为国际统一的遇难求救信号的同时，也废除了其他的求救信号，但很多无线电发报员仍然偏爱于使用"CQD"。因为这个原因，在1912年4月"泰坦尼克"号邮轮遇难事故中，"泰坦尼克"号上的无线电报务员是第一时间发出了"CQD"求救信号。"法兰克福"号的报务员对"CQD"反应很迟钝，完全没有意识到情况的危急。而和"泰坦尼克"号距离最近的"加利福尼亚"号的报务员却关闭了无线电。这些疏忽，最终使"泰坦尼克"号错过了最宝贵的救援时间，导致了至少1500人遇难的惨剧。

"泰坦尼克"号的悲剧之后，人们才开始认识到无线电求援信号的重要性，"SOS"得到广泛应用，而且还从无线电信号演变出灯光信号、旗语信号、声音信号等各种各样的形式。

直到1999年，大型船舶才全面停止使用摩尔斯电码，转而采用基于卫星的全球海上遇险和安全系统，"SOS"也终于成为历史。

第三章 第一次世界大战中的密码战

1914年6月28日，奥匈帝国皇储斐迪南大公夫妇在萨拉热窝被塞尔维亚民族主义者所刺杀。协约国和同盟国利用这一突发事件，推波助澜，导致国际局势迅速恶化。奥匈帝国皇帝弗朗茨·约瑟夫一世于7月24日向塞尔维亚提出"最后通牒"，塞尔维亚接受了除违反本国宪法、损害主权的第五条和第六条外的其余条款。但奥匈帝国还是以塞尔维亚没有接受所有条款，于7月28日向塞尔维亚宣战，第一次世界大战正式爆发。

第一次世界大战是人类历史上第一次波及全球范围的战争，交战的双方是"同盟国"（德国、奥匈帝国、意大利）和"协约国"（英国、俄国、法国，后增加至27个国家），总共有30多个国家，15亿人口卷入战争。

在这场战争中，无线电通信得到了广泛应用。几乎在战争的每时每刻、每个角落，都可以看到无线电的身影，在战争中发挥着巨大作用。无线电通信的及时便捷的优点在军事运用中得到了极大认可，但安全性的问题也逐渐凸显。

无线电通信与作战胜负的关系，最典型的就是东线的坦能堡战役。

早在战争爆发前，德国总参谋长阿尔弗莱德·冯·施里芬伯爵就针对法、俄两大强敌，提出了"攻西防东，先法后俄"的作战计划，这个计划用他的名字命名为"施里芬计划"。

图 3-1 早在战争爆发前,德国总参谋长阿尔弗莱德·冯·施里芬伯爵就针对法、俄两大强敌,提出了"攻西防东,先法后俄"的作战计划,这个计划用他的名字命名为"施里芬计划"。

施里芬伯爵在认真研究和分析之后,认为法国是德国最主要的敌人,法国人为预防德国入侵已经在边境地区修筑了坚固的堡垒工事,但是德军在兵员素质、武器装备等方面占有优势;俄国虽然国土面积广阔,但军队战斗力不强,动员能力更差,和德军相比差距更为悬殊。因此,施里芬决定首先集中优势兵力,以奇袭(绕道比利时)的方式迅速打垮法国,再凭借发达的交通运输网络,将主力运至东线对付俄国。这样,在第一阶段主力和法军作战时,就只有少数部队来和俄军周旋,而且要坚持到主力打垮法军之后再掉过头来对付俄军。

"施里芬计划"布局之严谨,思虑之详细,是被后世所公认的。但是,这一点也同样是"施里芬计划"的缺陷。因为世界上从来就没有绝对完美的计划,战场是瞬息万变的,计划再完美也赶不上变化,世界上也没有只凭战前计划就能打赢战争的。而这个计划最大的问题,就是严重低估了俄国的战斗力。

自从 1911 年,俄法两国签订协议,在之后的两年里,法国给了俄国大量的资金,使俄国得以改善交通设施,提高了战争动员速度。同时,俄国也加紧备战,强化部队训练,更新武器装备,和日俄战争时的倾颓之势相比,已经有了巨大的改进。

战争开始后,俄军的行动一改过去的龟速迟缓,在 6 天之内就集结了超过 80 万大军,而德国预计俄国的战争动员至少需要 6 个星期,因此只在东部部署了第八集团军以及一些地方守备队,总兵力只有 20 余万人。

俄军总参谋部看到俄军对东线德军如此大的优势,不由得斗志陡增,决定投入第一集团军和第二集团军对东普鲁士发起钳形攻势。

俄军总参谋长日林斯基之所以敢这么做,一方面是德军在东普鲁士的

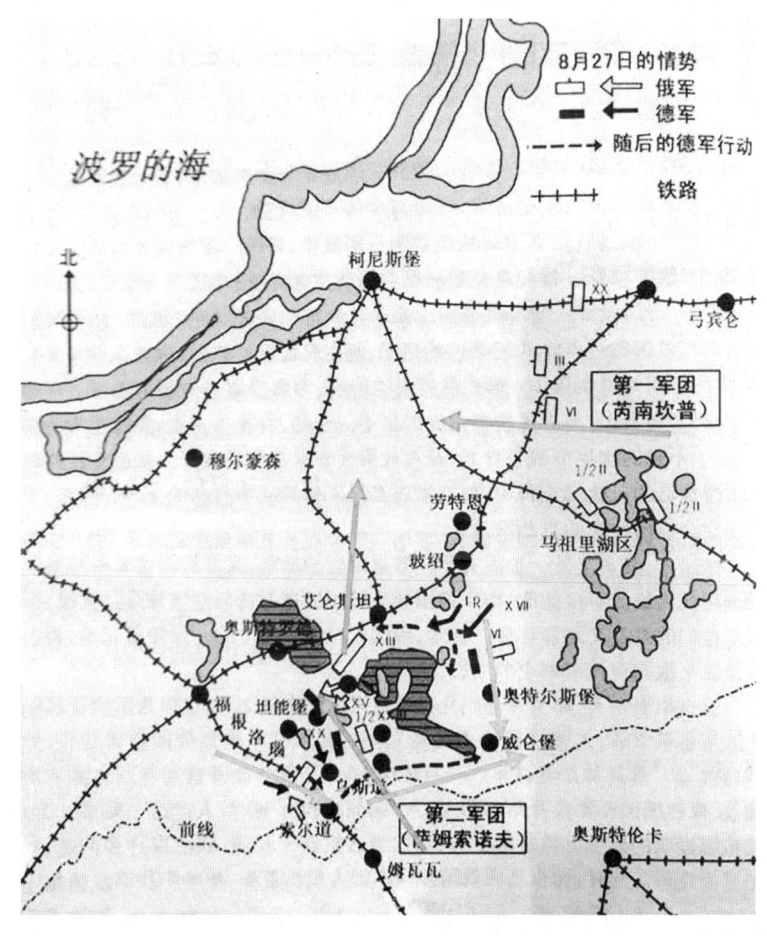

图 3-2 俄军进攻示意图,俄军两个集团军总兵力约四十五万人,第一集团军二十万人进攻东普鲁士,第二集团军二十五万人则从南部边境绕道至德军后方,切断其退路,与第一集团军形成合围,一举歼灭东普鲁士地区的德军。

兵力确实很薄弱；另一方面则是俄国已经向法国承诺，在开战后会尽最大努力向德军发起进攻，以缓解西线法军的压力。俄军甚至表示，不仅会在东线压制德军，还要击溃奥匈帝国的部队，在整个东线战场掌握主动权。

俄军两个集团军共有9个军41个步兵师、8个骑兵师，总兵力约45万人，接到命令后迅速行动，第一集团军20万人进攻东普鲁士，而第二集团军25万人则从南部边境绕道至德军后方，切断其退路，与第一集团军形成合围，一举歼灭东普鲁士地区的德军。

8月17日，俄军第一集团军越过德俄边境。3天后，就向德军发起猛攻，德军没有料到俄军会来得这么快，打得这么猛，因此只能后撤。与此同时，俄军第二集团军也从南面进入了东普鲁士，随即与德军展开激战。

俄军这次攻势，完全打了德国人一个措手不及，见到德军节节败退，俄军将领不免有些沾沾自喜，认为已经胜券在握了。

但是，在初期的胜利背后，依然掩盖不了俄军的问题。俄军虽然在兵力上有优势，但很多战争资源和补给都还没有到位。严格说起来，俄军并没有做好充分的战争准备。尤其是在通信方面，虽然当时俄国拥有世界上一流的密码专家，编制的密码表安全性也很高，但是过于复杂，一般的报务人员很难掌握，所以实际使用上并不普遍。更要命的是，俄军两个集团军竟然只有一套密码表，一开始在第二集团军手里，后来转送到第一集团军，但这样第二集团军又无法解读密电，再想使用旧的密码表，第一集团军却已经在拿到新密码表后就已经销毁了，所以两个集团军之间还是无法建立有效的无线电联络。眼看大战在即，两大集团军之间竟然无法直接够通无线电联络，这显然不可想象。于是在无奈之下，俄军的两个集团军竟然冒险采用明码通信！

8月25日，德军第八集团军的无线电通信兵截获了俄军第一集团军司令保罗·冯·莱宁坎普夫发给第二集团军司令亚历山大·萨姆索诺夫的电报："由于补给车队未到，眼下无法协同作战，建议暂停攻击两天。"

看到这样一封没有任何加密的明码电报，而且还是涉及重大军事机密，德军紧急派到东线来指挥全局作战的兴登堡和埃里希·冯·鲁登道夫第一反应这会不会是个圈套？

图 3-3 为了应对东线的危急局势，德军紧急派兴登堡和埃里希·冯·鲁登道夫到东线来指挥作战。

第八集团军的作战参谋霍夫曼上校是德军中的俄国问题专家，他马上给出了答案，这封电报不可能是圈套，因为莱宁坎普夫和萨姆索诺夫两人关系向来不和。在日俄战争期间，霍夫曼作为观察员在沈阳火车站亲眼看到萨姆索诺夫的部队遭到重创，损失惨重，但莱宁坎普夫却拒绝支援，两人在车站月台上发生了激烈争执，从破口大骂到最后拳脚相加。所以，霍夫曼断定，直到现在两人的矛盾依然相当尖锐，莱宁坎普夫不愿配合萨姆索诺夫的进攻，以成就萨姆索诺夫的战功。

兴登堡和鲁登道夫接受了霍夫曼的意见，决定将计就计，除以少数骑兵监视、袭扰莱宁坎普夫的第一集团军，集中主力在萨姆索诺夫第二集团军的进攻路线设下了陷阱。

接下来的事情就毫无悬念了，德军向俄军第二集团军暴露的右翼发起猛攻，将俄军分割包围，俄军迅速崩溃，几乎难以组织有效的抵抗。8月27日，德军又截获了萨姆索诺夫给莱宁坎普夫发出的近乎绝望的求援电报——还是明码，莱宁坎普夫依然没有理睬萨姆索诺夫的求援，孤立无援的第二集团军很快就全军覆没，3万人阵亡，9.2万人被俘，萨姆索诺夫自杀。

随后德军再挥师向北，向俄军第一集团军发起了反攻。由于第二集团军已经被歼,第一集团军独木难支,而且士气也迅速跌至低谷,加上后勤补给也确实没能跟上,面对德军的猛攻,俄军一路溃败,最终伤亡高达14.5万人,被完全逐出东普鲁士。

德军在这次战役中伤亡仅仅1万人,伤亡比1:27,绝对是一场辉煌的大胜利。

德军在坦能堡战役中以少胜多,从最初的被动迅速扭转,最关键的无疑就是俄军自己的无线电通信泄露了天机,机密被德军所洞悉,从而能够占尽先机,赢得胜利。

图3-4 在东线的俄军炮兵,由于俄军无线电通信没有使用密码,结果军事机密完全泄露,导致惨败。

一封电报就断送了俄军在东线的大好局面。虽然这封电报不是密码,但是却分明透露出这样一个事实——如果密码被破译,那结果就和明码电报无异,所有的秘密都将大白于天下。

相比沙俄,其他国家在密码编制和破译上更加重视更有成效。

奥地利对于密码破译一直都很重视,18世纪维也纳的卡比内茨办事处就是欧洲最著名的"黑室"。卡比内茨办事处也叫内阁秘密办公室,以极高的效率破译处理各国的外交加密信件。1850年,奥地利在卡比内茨办事处的基础上正式设立了隶属于帝国外交部的证据档案局,负责密码编制和破译。

1867年,奥地利和匈牙利合并建立奥匈帝国后,由于匈牙利政府只愿意承担联合政府的最低预算,所以证据档案局一直受到经费不足的困扰。尽管经费不足，编制人员也只有区区35人，但依然取得了不错的成效。1913年，证据档案局副局长兼谍报处处长阿尔弗雷德·雷德尔上校被发现他竟然是俄国的间谍，将大量机密情报出卖给俄国。这件丑闻无疑让证据档案局的名声受到很大影响。

第一次世界大战爆发后，证据档案局开始受到重视，编制人数迅速增加到数百人。大部分人员被派往驻普热梅希尔的总参谋部，留在维也纳的证据档案局被改编为情报局，由奥斯卡·赫拉尼洛维奇·冯·克韦塔辛上校担任局长。

尽管第一次世界大战爆发时，无线电通信已经发明了将近20年，各国虽然或多或少都有了一些无线电通信的加密技术，但基本上对无线电密码都比较忽视。除了奥匈帝国外，只有法国和俄国相对来说比较重视一点。

不过，俄国的密码破译表现平平，没有什么大的成就。法国的密码破译团队倒是成绩斐然。战争爆发

图3-5 1850年，奥地利在卡比内茨办事处的基础上正式设立了隶属于帝国外交部的证据档案局，负责密码编制和破译。

时，法国军事密码委员会已经为破译德国的无线电密码做好了准备，在法德边境上的要塞，包括莫伯日、凡尔登、图勒、埃皮纳勒、贝尔福以及特殊监听点，如里尔、兰斯和贝桑松都设立了无线电监听站，用来截获、侦听德国的无线电通信密电。法国甚至在首都巴黎都设立了2座监听站，分别位于埃菲尔铁塔和托卡德罗地铁站。

据说，法军截获德国密电的速度非常快，甚至可以赶上德军自己接收密电的速度。在整个战争中法国截获德国密电的总数超过10亿个单词。

再回到奥匈帝国，奥匈帝国海军在1898年进行了无线电通信实验，

成功地在海防舰"布达佩斯"号、鱼雷艇"鲁辛"号和波拉军港的海岸要塞穆斯尔之间进行了无线电通信。很快,奥地利人就意识到自己可以监听别国的无线通信,那么别国也可以同样监听自己的无线电通信,因此开始重视无线电通信的加密,以确保安全。

1904年,奥匈帝国军方下令所有由无线电发送的涉密信息都要加密,同年,证据档案局也开始收集外国无线电的密电,并开始了破译工作。

1911年,奥地利已经开始有了密码战的意识,帝国战争部下令陆海军都要组织专门的团队破译外国的加密无线电通信。1911—1912年的意土战争期间,奥匈帝国海军监听了大量意大利的无线电通信,并于1912年基本破译了意大利的无线电密码。

1913年2月,奥匈帝国海军将弗朗茨·莱斯特海军上尉编写的备忘录《战争中的无线电报——面对敌方干扰时的无线电通信》下发给海军的每一位舰长参阅,以帮助他们充分认识无线电通信的特点。

奥匈帝国海军与陆军对密码破译这个新兴领域进行了通力合作,海军证据档案局与总参谋部证据档案局互通有无。典型的合作模式就是由海军截获意大利的电报,随后转交给总参谋部证据档案局的破译处来进行破译。战争爆发后,随着截获的无线电密电越来越多,海军证据档案局也在波拉港建立了自己的破译处,但还是与陆军保持着良好的合作关系。1916年,随着截获密电的数量进一步增加,波拉港的破译处也开始承担起越来越重的任务。

奥匈帝国陆军的无线电密码优势得益于总参谋长弗朗茨·康拉德·冯·赫岑多夫将军,他在战前就对无线电密码表现出了浓厚兴趣,因此对密码破译给予了很大支持。

此外,奥匈帝国的多民族——经常被认为是奥匈帝国的致命弱点,但在密码战上却成了优点:奥匈帝国境内不仅有熟悉敌国语言的人,而且多语言环境也培养出了不少精通多种语言的人才,而熟悉敌国语言对破译敌方密码来说，显然是至关重要的。

早在1908年，奥地利人就已经开始系统地监听意大利的无线电通信。1911年，刚刚因眼伤而退役的技术军官安德烈亚斯·菲格尔上尉被时任证据档案局局长的奥古斯特·乌尔巴斯基·冯·奥

图3-6 1911年至1912年的意土战争期间，奥匈帝国海军监听了大量意大利的无线电通信，并于1912年基本破译了意大利的无线电密码。

斯特里耶维奇上校重新征召，被任命为证据档案局的破译处处长。

菲格尔就是个语言天才，除母语德语外，他还精通塞尔维亚语、克罗地亚语、意大利语和法语。同时他也是无线电专家，在1910—1911年就监听了意土战争中的意大利无线电通信。菲格尔上任后迅速建立密码破译学校，培训密码破译人才，以充实破译处的力量。他一手组建的破译处在第一次世界大战爆发以后，果然没有辜负期望，逐渐显露锋芒。

奥匈帝国军方很早就意识到无线电通信的安全问题，因此对于无线电通信兵始终强调由于无线电极易被敌方截获，所以在非必要情况下尽量减少无线电的使用。这和1914年加利西亚战役时俄军频繁使用无线电形成了鲜明对比。

1914年5月，克韦塔辛接替奥斯特里耶维奇担任证据档案局局长。克韦塔辛比较古板，对于破译处这样的新兴事物比较排斥，他决定将破译处裁撤，但两个月后的1914年7月，破译处就以自己的出色表现让他打消了这个念头。

1917年，马克西米利安·荣格上校接任证据档案局局长，他作为破译处的上司，不仅全力支持破译处的工作，还动用传统的情报系统来助力密

码战：奥匈帝国的间谍成功地贿买了意大利的密码本，这对于破译处的破译工作帮助极大。他还给奥匈帝国的无线电监听站取了个外号——彭卡拉，彭卡拉是一家克罗地亚铅笔制造公司的名字，这个外号源自彭卡拉的商标，在耳朵上夹着两支铅笔。

奥匈帝国对俄国的无线电密码破译，是比较有成效的。

战争爆发后，设在克拉科夫和普热梅希尔的无线电监听站继续着战前就已经开始进行的无线电监听，并通过无线电监听密切监视俄军的动向。除了固定的监听站，还有一支无线电监听的机动小组，作为固定监听站的辅助和补充。

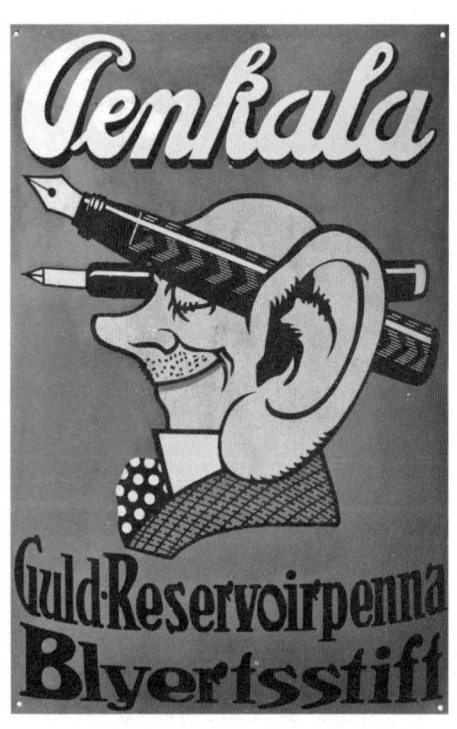

图3-7 奥匈帝国的无线电监听站有个外号——彭卡拉，彭卡拉是一家克罗地亚铅笔制造公司的名字，这个外号源自彭卡拉的商标，在耳朵上夹着两支铅笔。

同时，奥匈帝国统帅部也听从了无线电情报专家的建议，故意用明码发送一些假情报来迷惑俄军。证据档案局下属破译处俄国小组的俄语和密码专家，菲格尔的学生——赫尔曼·波科尼从1914年8月13日开始对俄国无线电密码的破译工作，并在一周之内就建立起了截获、转录和破译的一整套无线电密码战的系统。

相比之下，没有准备的俄军表现糟糕也就不奇怪了。俄军不仅在使用无线电的频率上大大超过奥军，甚至一些报务员为了偷懒省事而把很多低保密级别的信息直接用明码发送，这让波科尼感到非常震惊。作为摩拉维亚邮政局长的儿子，波科尼继承了家族的语言和数学天赋，并在无线电破译上得到了充分体现：9月19日，波科尼将第一份破译的俄军密电正式呈报给了奥军高层。9月底，当俄军启用新密码时，波科尼仅用"几分钟"就破译出来了。奥军的克莱门斯·冯·瓦泽尔中校后来回忆到德国人对奥军针对俄国密码战成就的评价："很长一段时间以来，我们的德国盟友都没法相信我们竟然可以在这么短的时间里就破译出来了。"

不过，在加利西亚战役期间，奥匈帝国在密码战上的优势与现实战场上的败势形成了鲜明对比：事实上，波科尼破译的俄军密电更多的是帮助奥军选择撤退的路线，例如指导莫里茨·冯·奥芬贝格上将的第四集团军成功躲过了俄军的合围，安全撤退到了向桑河。

德国人虽然没有奥地利人那样对无线电密码战早有远见，但是德国良好的国民教育让德军也能够迅速组织起自己的密码破译团队，并与波科尼的团队展开了有效合作，联手破译俄军密电。

图3-8 奥匈帝国证据档案局破译处俄国小组的俄语和密码专家，赫尔曼·波科尼从1914年8月13日开始对俄国无线电密码的破译工作，并在一周之内就建立起了截获、转录和破译的一整套无线电密码战的系统。

到1915年，奥匈帝国密码破译卓有成效，在密码破译上的成就在交战各国中堪称最高水准。奥匈帝国的密码破译工作是如此高效，以至于在无线电密码战方面成了德国要向奥匈帝国学习的领域，这也是奥匈帝国极少数比德国领先的地方。

1915年德奥帝国发动春季攻势时，俄军的无线电加密方式不但没有进步，反而退步了——从复杂的维吉尼亚密码体系转换成了更简单的恺撒密码体系。因此，奥匈帝国和德国密码破译团队没费多少功夫就破译了俄军的密码，其中波科尼贡献最大。在密码战领域的成功，也在情报保障方面奠定了德奥联军胜利的基石。

图3-9 在波科尼的领导下，奥匈帝国对俄罗斯密码破译取得了很大成效。

俄国人虽然也意识到情报泄露了，但却认为那是间谍刺探而导致的泄密，开始在军队中进行了大规模的排查。不少有着德国名字的俄军军官都受到了调查，这对于军心士气造成了很大影响。

得知俄军在内部的大排查，荣格笑称那些人根本就没有给奥匈帝国提供过任何情报。但是由于1914年和1915年的失败，奥匈帝国也开始有了间谍恐惧症，在内部进行了大规模反间谍排查，荣格本人就是搜捕鲁塞尼亚人的积极分子之一。

不过，后来俄国总算意识到可能密码出了问题，因此开始使用新的密码。但是这些新密码同时给双方造成了麻烦；相比德奥的密码破译人员，俄军自己的译电员可能更加头痛：在1915年5月，俄军几乎没有译电员能够在收到密码电报的当天翻译成明文。这样一来，无线电通信的及时便捷就大打折扣了。

尽管俄军在1916年全面启用新的密码，并加强了无线电通信团队的人员培养，但效果十分有限，只能说在原本糟糕的基础上有了些许提升而已。俄军发动布鲁西洛夫攻势，当然也没能逃过德奥联军的情报部门的眼睛，通过间谍、地面观测和空中侦察都发现了俄军的战役准备，波科尼的密码破译团队更是不断地截获俄军有关这次作战计划的密电，甚至还在6月3日截获并破译了阿列克谢·布鲁西洛夫上将下达的发动进攻的密电。

但是，非常遗憾的是，接替奥芬贝格担任第四集团军司令的约瑟夫·斐迪南大公刚愎自用，根本不相信情报部门发来的情报，他始终坚持认为俄军不可能发起进攻。结果，他的第四集团军在布鲁西洛夫攻势中损失了3/4，几乎溃不成军。

密码战的辉煌成就与战场上的一败涂地，再一次地形成了鲜明对比，无情的现实终于使得奥匈帝国高级将领中的顽固派不得不承认密码破译对于作战胜负的巨大价值。

与俄国陆军的漫不经心和混乱相比，俄国海军的表现就要好多了。其中最著名的事件就是德国海军的"马格德堡"号在爱沙尼亚的奥斯穆斯岛搁浅，随后赶到的俄国海军立即控制了搁浅的"马格德堡"号，并在这艘军舰上得到了德国人没来得及处理的3本密码本，随后将它们共享给盟友英国和法国。这让英国皇家海军的密码破译团队"40号房间"在与德国的密码战中占了上风，同时英国海军在密码战上的成就也影响了第一次世界大战中最重要的海战——日德兰海战的走势。

这一事件还有后续故事，俄国人救下了身负重伤的"马格德堡"号舰长哈本尼希特，对他进行了治疗，但哈本尼希特最后还是伤重而不治身亡了。俄国海军挑选了一名能说流利德语的军官——伊万·伊万诺维奇·伦加滕乔装冒充死去的哈本尼希特返回德国。这个假"哈本尼希特"让跟他联系的德国间谍以为"马格德堡"号上的密码本已经被烧掉了，也就没有对密码进行全面更新。应该说，俄国人这招补刀相当漂亮。后来，伊万·伊万诺维奇·伦加滕成了俄国海军波罗的海舰队情报部门负责人。

1917年时，奥匈帝国的破译处破解了333封俄军密电，从而推断出俄军的加密通信系统正在瓦解之中，同年3月，沙皇政府便被推翻了；11月，十月革命以后布尔什维克政府宣布俄国退出战争。

在意大利战场，密码战同样发挥了重要作用。

1915年5月23日，在协约国的诱惑下，意大利向同盟国宣战。比起有形的战线，无形的密码战已经先一步到来：5月22日，安德烈亚斯·菲格尔从东线被调到了驻马尔堡的西南战线司令部，担任破译意大利密码的团队负责人。同年6月5日，菲格尔便破译了意大利的"红色密码"，成功破译出了一封意大利总司令路易吉·卡多纳上将斥责彼得·弗鲁戈尼中将进攻不够猛烈的密电。这封密电的重要性不在于其内容，而是在于其发送者是意军统帅部。奥地利人能够顺利破译意大利密电不仅是因为1914—1915年在意土战争期间的经验积累，也是因为他们对无线电密码的重视：荣格手下的间谍在战前就通过收买，成功得到了意大利人的密码本。

更令人匪夷所思的是，意大利驻奥匈帝国大使朱塞佩·阿瓦纳·迪·瓜尔蒂埃里公爵在1913年对奥匈帝国外交部的一次访问中，竟然把一大包电报忘在了那里，这个包里的电报既有加密版本，也有明文版本，这不啻于给菲格尔送上了一个"大礼包"。

1913年10月，当意大利人开始启用新密码"口袋密码"时，荣格曾表示他手下的间谍也买过"口袋密码"的密码本，但是这次他花的钱一点都不值，因为"口袋密码"只是一种非常简单的维吉尼亚密码，经验丰富的菲格尔团队只用了4个小时就成功破译了。

1916年，菲格尔的团队度过了一段轻松惬意的快乐时光。5月20日晚，他们截获一封密电并在第二天就破译成功——意军要进行一场大反攻，结果自然不出意料，等待意军的是奥地利人设下的圈套，战场完全成了屠宰场，意大利军队遭到了惨败。自6月开始，菲格尔团队不断地截获意大利人的密电，他们推断出这是大规模进攻即将开始的信号。这个警报让在伊松佐河前线的奥军对意大利人的夏季攻势有所准备。8月20日，当意大利人再次更换了新的密码系统，菲格尔只用了38个小时就破译出来了。

图3-10 破译意大利密码的团队负责人安德烈亚斯·菲格尔破译了意大利的"红色密码"，成功破译出了一封意大利总司令路易吉·卡多纳上将斥责彼得·弗鲁戈尼中将的密电。

当然，意大利人也没有坐以待毙，毕竟无线电的发明人马可尼就是意大利人！1916年，意大利也组建了密码破译团队——破译组，由密码专家路易吉·萨科中尉领导。萨科中尉的破译工作可谓步履维艰，与奥地利人不同，意大利人在战前对密码战没有任何准备。虽然萨科非常精通无线电和密码知识，也只是成功破译了极少数奥匈帝国的密电，成效还是不显著。

萨科真正的进展还要等到1917年。这一年春天，雷金纳德·哈尔海军少将在访问意大利、马耳他和埃及后，发现虽然法国、意大利都对德国和奥匈帝国海军的无线电进行着严密的监听，但是在破译方面的成果却几乎是一片空白。在他的倡议下，英法意正式在无线电密码战方面联合起来了。英国人派去了"40号房间的"破译专家，其中就包括破译了齐默尔曼电报的奈吉尔·德·格雷海军少尉。

1917年，奥地利人发现对手的无线电保密意识越来越强了，这给他们曾经惬意的工作大大提高了难度。也是在1917年，意大利人首次破译了奥匈帝国的密电。虽然奥匈帝国用的也是基于维吉尼亚密码的加密系统，但是似乎是由于奥匈帝国的无线电人员相对素质较高，以及意大利的破译人员经验不足，俄意两国的破译人员一直没能取得破译奥匈帝国密电的突破性进展。不过就在这一年，萨科的破译组第一次完整破译了奥匈帝国的密码，在密码战的无形战场上勉强跟奥匈帝国打了个平手。但是意大利人的进步并不代表奥匈帝国退步了。战后，一个负责调查1917年底卡波雷托战役惨败的意大利委员会痛苦地坦言："敌人已经知道并且破译了我们的密码，而且最复杂的和最机密的密码也被破译了。"

奥匈帝国的密码破译真正落入下风还要到1918年。这一年，意大利人对密码战的理解随着战争的进行而逐渐深刻，英国专家也陆续到来，给了意大利同行很大的指导和帮助。

菲格尔开始察觉对手的实力逐渐提升，已经可以与自己旗鼓相当，而奥匈帝国无线电通信人员的素质却有所下降。在皮亚韦河战役前一天，一个懒惰的奥军无线电通信人员没有遵照新规定，就随意使用了逐字加密法，意大利人马上敏锐地发现了这封密电中的重复

图3-11 意大利密码破译团队——破译组的负责人路易吉·萨科中尉。

词组，随后就利用频率分析法成功破译了出来。

1918年，意大利的密码破译人员总算达到了与奥地利人不相上下的水平。现在他们可以互相破译对方的密电，并让对方的破译人员大伤脑筋。但是意大利逐渐占据优势的情况，却并没有维持太久。

重视无线电情报的奥匈帝国情报部门很早就意识到了无线电静默的重要性。大战爆发时，奥匈帝国海军的舰队就被命令要在必要时保持无线电静默，而且奥军的水面舰艇基本上能够做到这一点，潜艇则因为自身特殊的行动方式被允许可以打破无线电静默。与奥匈帝国陆军一样，海军也会有意识地使用无线电来发送一些假消息，欺骗迷惑敌军。

海军无线电破译处在1915年击溃塞尔维亚和1916年协约国阿尔巴尼亚大撤退中都做出了巨大贡献。当然，亚得里亚海上的意大利海军始终是奥匈海军破译处的首要目标。1915年11月28日，破译处截获并破译了意大利海军"阿布鲁齐公爵"号巡洋舰的无线电通信，12月1日，奥匈帝国海军就出动"黑尔戈兰"号巡洋舰和5艘驱逐舰前去破坏协约国对阿尔巴尼亚塞军的援助。

图3-12 奥匈帝国海军"黑尔戈兰"号巡洋舰。

此外，奥匈帝国海军在行动中也表现出对无线电密码本泄露的高度警觉，当奥匈帝国海军的U-12号潜艇于1915年8月12日在威尼斯附近触雷沉没时，奥匈海军就在当月全面更换了密码本。在"黑尔戈兰"号巡洋舰袭扰作战中，因为怀疑沉没的"利卡"号驱逐舰上的密码本有可能已经被意大利人找到了，奥匈帝国海军在1916年1月再一次全面更换了密码本。

与法军一样，奥匈帝国无线电拦截和定位的最大问题是缺乏无线电测向站。虽然在战前奥匈帝国海军就已经注意到了这个问题，但是最终还是在1916年才将无线电测向站建立起来。同年，破译处成功地破译了俄国海军的密码和后续的新密码，这对奥匈帝国海军来说已经无关紧要了，但对盟友奥斯曼帝国来说却至关重要。1917年后，与陆军一样，随着意大利人奋发图强，加上英法的帮助，奥匈帝国海军破译处发现破译意大利海军密码越来越困难。但是破译处仍然还在发挥作用，例如帮助海军确定协约国舰队的位置，以防己方军舰在海上遭到突然袭击。

协约国在密码领域取得了长足的进步，在密码专家（如路易吉·萨科）的努力下，协约国破译了部分奥匈帝国海军密码。但是想要完全破译奥匈帝国的密码仍然非常困难。

这是因为：第一，亚得里亚海相对北海的海况要简单许多，所以奥匈海军无需像德国海军一样频繁使用无线电；第二，奥匈帝国在陆地上建立了有线电报系统，只需要沿岸的无线电站向舰船发送信息，可以大大减少军舰在海上使用无线电，无线电使用越少泄露的可能也就越小，被破译难度自然相应越高；第三，奥匈帝国的密码系统，只要通信人员能够按照规范正确使用的话，也很难被破译。所以，奥匈帝国的密码系统，得到了协约国密码人员的高度评价。

战后英国海军部报告用极其尖酸刻薄的文字评价奥德两国的海军无线电："奥匈帝国的密电总是没有规律可循，我们不清楚这是因为他们的无线电通信兵训练得更好，是因为他们没有约定俗成的代号，还是因为他们的舰队远没有北海上的德国舰队那么有组织。"

在破译同盟国潜艇密码时，很多密码本主要是由那些"乐善好施"的德国潜艇提供的。根据英国人的评价，奥匈海军的无线电人员也表现出了比德国海军的同行们更高的职业素质。威廉·海伍德·哈斯拉姆少校评价奥匈海军道："1918年11月，奥匈帝国想在德国停战前几天停战……真正的惊喜是在波拉军港，在波拉，兵变者对军舰造成一些破坏。我找到了一大堆奥匈帝国的密码，后来被我装进麻袋运到了英国海军部。这么做的原因是，在罗马的时候，我曾与在1918年初从'40号房间'借调过来的专业破译人员合作过。他们没能破译奥匈海军密码。对此，这可能是因为奥匈帝国的密码人员素质要比德国人高，或者在亚得里亚海的奥匈海军总是能保持无线电静默。确实，'圣·伊斯特万'号战列舰沉没后，奥匈海军是死一般的无线电静默。这要是德国海军一艘战列舰沉没的话，德国人的无线电早就乱成了一锅粥，这就给'40号房间'一个大惊喜了！"

图3-13 奥匈帝国海军即便在"圣·伊斯特万"号战列舰沉没后依然保持了严格的无线电静默。

可以说，在协约国对奥匈帝国的海战中，比起破译奥匈海军的密码，无线电测向站起到了更大的作用，能够准确定位奥匈帝国海军的舰艇位置，但是这个作用在对抗严格遵守无线电静默的奥匈帝国海军舰队时，也是有限的。

1918年，随着同盟国在战争中的局面越来越令人绝望，奥匈帝国内部解体崩溃的迹象也越来越明显了。10月，荣格通知了所有战线的破译处和"彭卡拉"监听站，为了避免泄露机密，所有档案都要立即焚毁，海军无线电情报工作已经在本月31日正式停止。

11月，证据档案局正式解散，奥匈帝国陆军的无线电情报工作也在11月3日结束。但是并非所有档案都被焚毁了，协约国最终还是抢到了一些档案，剩下的则藏在奥匈帝国军史的深处，因为当时无人问津而侥幸逃过一劫。但奥匈帝国的密码专家们毕竟还是忠实地执行了命令，那些数量巨大的档案都被付之一炬，不仅让后人对奥匈帝国密码战的研究困难重重，也让当时的密码战的参与人员心中无限悲凉：除了荣格之外，再没有人对菲格尔和破译人员说过一声"谢谢"，而能证明他们在战争中的贡献的证据，已经在烈火中化为一团灰烬了。

奥匈帝国的密码破译人才在战后仍然继续书写着他们与密码的故事。安德烈亚斯·菲格尔先是在奥地利军队中继续任职，在大裁军后，他被安排到奥地利联邦警察部门工作，随后又于1922年转到奥地利外交部。他于1926年出版了《破译的系统》，他的回忆录给他带

图3-14 马克西米利安·荣格上校接任证据档案局局长，他不仅全力支持破译处的工作，还动用传统的情报系统来助力密码战，使得奥匈帝国的密码战取得了很大成效。

来的却是并不美好的回忆。先是因为内容涉密而被奥地利官方要求不得出版第2部，又在1938年因为此书而被盖世太保视为危险人物，投入了达豪集中营。1940年，他才被放了出来，条件是要在柏林向纳粹密码破译人员教授密码学知识。

  1941年，他借口严重的心脏病才回到了维也纳，这段给纳粹人员传授密码学的经历成了他余生都不愿提及的历史。1952年，菲格尔搬到了萨尔茨堡。1963年，菲格尔90岁大寿时，他在第一次世界大战中的贡献终于得到了萨尔茨堡老兵协会的公开承认。1967年，这位奥地利优秀的密码学大师病逝于萨尔茨堡。

  东线密码破译的杰出人才，青出于蓝而胜于蓝的赫尔曼·波科尼的战后遭遇，起初有点类似奥匈帝国最杰出的将领斯韦托扎尔·博罗埃维奇：他因为德国人的身份而被捷克斯洛伐克所嫌弃，又因为出生在摩拉维亚而被奥地利所拒绝承认他是奥地利人。最后还是匈牙利接受了他，之后他为匈牙利效力，为匈牙利总参谋部第二局破译处的建设出力很多，直到1935年退休。第二次世界大战期间，他一直过着平静的退休生活，直到1945年苏联红军解放匈牙利后，才为新的匈牙利政府外交部再工作了4年，最后在1949年再次退休，1960年逝于布达佩斯。

  第一次世界大战是人力加密时代的巅峰，之后，就是机械加密的时代了。1918年，亚瑟·谢尔比乌斯申请了恩尼格玛密码机的专利，德军于1926年正式启用军用型恩尼格玛密码机，因为它产生的密文在"可接受的时间"里，在理论上是无法被破译的；20世纪20年代末至20世纪30年代，奥地利人也紧随其后，在内政部和国防部全面换装恩尼格玛密码机。密码专家菲格尔评价恩尼格玛密码机"非常棒，特别适合今日的军事用途"，但是他也颇有远见地指出，数年之后，就有可能出现一台破译机械，在"可接受的时间"里破译恩尼格玛密码的密文。大师就是大师，菲格尔的预言后来果然应验了。

无论如何，密码学迎来了自己的"工业革命"，机械最终代替了人力，密码也在从简单到繁杂的道路上极速狂奔，一去而不复返。

第一次世界大战前，只有法国、俄国和奥匈帝国成立了专业的密码团队；第一次世界大战后，所有列强和有实力的国家都成立了各自的密码团队。无线电密信和围绕着它的较量虽然无形，但是却深刻地影响着有形的世界，这一点将在两次世界大战之间、第二次世界大战、冷战乃至现在得到一次又一次、后知后觉的证明。

第四章 协约国的密码战

在第一次世界大战中，奥匈帝国的密码破译工作是水准最高的，也是成就最大的。相比之下，意大利和俄国的密码破译却要差多了，但并不代表协约国阵营密码破译水准都很低，英国的密码破译机构"40号房间"表现也很突出，是协约国阵营在这一领域的佼佼者。

1914年8月4日，英国对德国宣战。就在当天晚上，英国人派出"特尔康尼"号电缆船，在英吉利海峡中间海域，将德国人经过那里并通往大西洋的5根海底电缆全部割断。这个行动是英国国防委员会早在1911年就已经准备好的。这一招非常有效，这样一来德国与海外的通信联系就只能依赖无线电报，或者通过其他国家的电缆中转。虽然这些通信都是用密码进行加密的，但安全性依然很脆弱。英国海军部的无线电监听站可以截获德国人大量的无线电信号；同时英国电报公司也遵照政府的命令，把所有往来电报副本都交给政府有关部门，其中就包括了德国人和外界联系的通信记录。

这些无线电信号和通信记录都被送到英国海军情报处，但海军情报处并没有人懂密码。于是，时任海军情报处处长亨利·奥利弗海军少将看到这些密电完全无法处理，他只好向他的好友海军训练处处长阿尔弗雷德·尤因爵士求助。尤因曾经先后在日本的东京大学和剑桥大学担任教授,是当时英国最顶尖的无线电专家,精通无线电通信,而且他对密码也很感兴趣。显然,奥利弗找对了人。奥利弗希望尤因成立一个专门的小组来负责处理这些无线电密文。对于无线电通信和密码,英国在列强中算是很不敏感的,甚至有些后知后觉,在战争爆发前根本没有成立任何和密码破译相关的机构,这点比奥匈帝国差多了。现在战争爆发,对于密码破译的需求就骤然呈现了出来。不过英国毕竟是老牌帝国主义,底蕴还是很深,在密码破译领域的反应速度也非常迅速。开战2个月后,1914年10月,就成立了一个以尤因为组长,专门从事密码破解的小组。这个小组于11月6日正式开始在旧海军大楼40号房间投入运作,因此这个密码破译部门也就被称为"40号房间"。

英国人的运气还是非常好,就在"40号房间"成立前后的一段时间里,英国人得到了和德军密码相关的一系列重要材料。正是这些材料帮助尤因的密码破译小组能够迅速、顺利地开展起了工作。

图4-1 随着无线电技术的发展,出现了用来探测无线电波的无线电测向车。

1914年8月11日，战争已经爆发一个星期了，德国"胡巴特"号汽轮船居然还毫不知情，依然还停留在澳大利亚墨尔本港，于是很快就被澳大利亚方面扣留，随后澳方人员在船上搜到了德国海军与德国商船之间通信用的密码本。澳方不太清楚这本密码本的重要性，因此直到一个月后的10月底才交给了英国，随后被送到了"40号房间"。

1914年8月26日，德国海军的"马格德堡"号轻巡洋舰因为大雾能见度不佳而在波罗的海爱沙尼亚海岸触礁搁浅，无法继续航行。"马格德堡"号舰长哈本尼希特不得不下令弃舰，大部分舰员撤离到同行的其他军舰上之后，最后人员正要准备自行炸沉军舰时，大雾逐渐散去，附近的俄国舰队闻讯赶来，向德国舰队开火，迫使德国舰队不得不仓促败逃。俄军军舰随后靠上"马格德堡"号，缴获了2本编号分别为151和974的德国海军密码本。

10月10日，俄国海军把编号为151的密码本交给了英国海军大臣丘吉尔，丘吉尔立即把它转给了刚刚成立的"40号房间"。

1914年10月17日，4艘德国海军驱逐舰在敦刻尔克海岸附近被英国海军击沉。其中S119号驱逐舰在沉没前，舰长把一个装有机密文件的箱子扔到大海里。但一个月后，一艘英国的拖网渔船却将这只箱子给捞了起来。

在这个箱子里就有1本密码本，上面有10万组5位数字，每组数字都有一个特定的含义；这是德国海军与海上活动的舰队、驻各国大使馆和领事馆的海军武官之间进行密码通信的密码本，极具价值。这本密码本自然也被送到了"40号房间"，有了这份密码本，对"40号房间"来说，无异于如虎添翼，使得英国方面能够洞悉德国和各驻外使馆之间的所有加密通信。

1915年3月，英国人意外获得了在中东积极活动的德国外交官瓦斯穆使用的德国外交部密码本，也被送到"40号房间"。正是靠着这密码本,"40号房间"后来得以破译德国外交大臣的密电,从而改变了战争进程。

正是这些密码本,使得"40号房间"的密码破译取得了突破性进展,从1914年12月开始,"40号房间"已经可以通过破译德军密码,掌握德军大量机密情报,成为英国海军最重要的情报来源,从而为英国海军在海战战场上的胜利创造了非常有利的条件。

1915年1月的多格尔沙洲海战就是一个洞悉密码情报的典型战例。德国海军为了打破英国海军的封锁,派出弗朗兹·冯·希佩尔海军中将率领3艘战列巡洋舰、1艘装甲巡洋舰、4艘轻巡洋舰和13艘驱逐舰从威廉港秘密出航,计划偷袭在多格尔沙洲一带的英国海军,同时也侦察一下北海地区的英军动向。不过这个出动命令是德国海军部通过无线电向希佩尔下达的,所以被英国海军截获。"40号房间"很快就破译了这封密电的内容,英国海军立即针锋相对,派戴维·贝蒂海军中将率领5艘战列巡洋舰、7艘轻巡洋舰和33艘驱逐舰前去迎击德军舰队。

图4-2 1915年1月多格尔沙洲海战是一个密码情报发挥了重要作用的典型战例。

德军舰队见到突然出现的英国舰队非常意外,而且见英军占据绝对优势,便立即转向撤退。英军舰队随即展开追击、截击,双方爆发了激烈海战,最终德军1艘装甲巡洋舰被击沉,2艘战列巡洋舰被击伤,阵亡954人,伤86人,被俘189人;英军仅1艘战列巡洋舰被击伤,阵亡14人,伤81人。虽然英国海军挫败德军的计划，也给德军造成了一定损失，但英军在掌握了确切情报、兵力又占据绝对优势的情况下，这点战果显然不能令人满意，所以英国海军在战后将分舰队司令穆尔少将撤职。

这一场海战，英国在密码破译上的成就明显超过了海军舰队在战场上的表现。设想一下，如果没有"40号房间"破译密码而得到的情报，英国海军的表现肯定还要难堪。如果没有"40号房间"提供的情报，英国海军空有兵力优势，在整个战局中在态势上将非常被动，会完全被德军舰队占据先机。

在第一次世界大战最著名也是规模最大的海战——日德兰海战中，"40号房间"同样作出了巨大贡献。

1916年1月，莱茵哈德·舍尔海军上将出任德国海军公海舰队司令，他上任后就决定主动出击，打破英国海军对德国海军的海上封锁。具体计划是由希佩尔先指挥一支分舰队袭扰北海北部地区，舍尔判断英军对希佩尔分舰队部不太可能倾巢而出，最多是会派出一支相当规模的舰队，而他自己则率公海舰队主力在希佩尔分舰队后面大约45海里跟进，对出海的英军舰队来个"螳螂捕蝉，黄雀在后"，力争歼灭这支出海的英军舰队，以扭转德国海军的不利局面。

随后，舍尔将作战计划与部署用无线电通报给希佩尔，两人之间频繁的无线电通信大部分都被英军所截获，"40号房间"基本上破译了这些密电，从而大致掌握了德国海军的作战计划。英国海军本土舰队司令约翰·杰利科海军上将决定将计就计，先由贝蒂指挥一支舰队迎击希佩尔的分舰队，如果遭遇舍尔的公海舰队主力，就且战且退，将舍尔舰队引诱过来，自己则率本土舰队主力在贝蒂舰队后面跟进，同样采取"螳螂捕蝉，黄雀在后"的策略，对舍尔的公海舰队以迎头痛击。

1916年5月31日，日德兰海战爆发，这场海战英国海军投入了无畏级战列舰28艘、战列巡洋舰9艘、装甲巡洋舰8艘、轻巡洋舰26艘、驱逐舰79艘，德国海军投入了无畏级战列舰22艘、战列巡洋舰5艘、轻巡洋舰11艘、驱逐舰61艘，双方参战舰艇的数量在人类海战史上前所未有，因此被誉为巨舰大炮时代的巅峰对决。对于这场海战的经过，本书就不再赘述，最终德国海军被击沉战列舰1艘、战列巡洋舰1艘、轻巡洋舰4艘、驱逐舰5艘（总计排水量6.1万吨），另有3艘军舰受伤，阵亡2551人，负伤507人；英国海军被击沉战列巡洋舰3艘、装甲巡洋舰3艘、驱逐舰8艘（总计排水量15.5万吨），阵亡6097人，负伤510人，被俘177人。

从损失来看，显然英军损失要大于德军，似乎是德军取得了胜利，但从整个战略上来看，德国海军还是没能打破英国海军的封锁，依然处于比较被动的态势。所以德国海军最多取得了战术上的胜利，而英国海军虽然损失较大，但在战略上依然依然牢牢掌握着主动，控制着北海、大西洋的制海权。

图4-3 1916年5月的日德兰海战是第一次世界大战规模最大的海战，无线电情报同样在这场海战中发挥了重要作用。

毋庸置疑，"40号房间"破译德军密码所取得的情报，对于英国海军在这场海战中的所取得的战略优势，作用相当大。如果没有"40号房间"提供的情报，英国海军就无法掌握德军舰队的作战计划，也就无法有针对性采取对策，很可能会被德国海军冲破英军的海上封锁，这样大西洋上的局势无疑将会更加复杂。

就在"40号房间"的密码破译工作开展得风生水起成绩斐然之时，这个密码破译单位也随之成为很多人觊觎的香饽饽。1914年11月，雷金纳德·霍尔出任英国海军情报部部长，他是英国海军情报部首任部长威廉·霍尔的儿子，小霍尔因为有着神经质眨眼的习惯，所以有着"眨眼霍尔"的外号。尽管不停眨眼，但丝毫不影响霍尔的行事，他精力充沛，坚毅果断。上任不久就意识到"40号房间"的巨大价值，便开始插手"40号房间"的控制权。尤因是技术型官员，对于官场上的门道显然一窍不通，在和霍尔的争斗中很快败下阵来，他在"40号房间"逐渐成了徒有虚名的摆设，大权逐渐都到了霍尔手里，到1916年5月，尤因终于被彻底排挤出"40号房间"，他只好悻悻然离开海军，出任爱丁堡大学校长。

"40号房间"在整个战争中最大的成就无疑就是齐默尔曼电报事件。

当战争进入到1916年，协约国和同盟国都已经精疲力竭，战局也陷入了胶着，如何打破僵局，自然有人将想到了——美国，这个与欧洲隔着大西洋的国度，经济上已经跨入了世界前列，但是在世界政治外交舞台上还没有露出峥嵘。面对欧洲已经打成一锅粥，美国还恪守着开国总统华盛顿的教诲："欧洲有着一套利益，这些利益对于我们毫无或者极少关系。欧洲经常发生争执，其原因和我们基本上毫不相关。因此，如果我们卷入欧洲事务，与他们的政治兴衰人为地牵扯在一起，或与他们友好而结成同盟，或与他们敌对而发生冲突，都是不明智的。"所以，美国依然奉行着孤立主义，一面和交战双方做着贸易，大发战争财；一面观察着战局的发展。不过由于种族以及实际利益的考虑，大多数美国人在情感上都更倾向于以英国为核心的协约国阵营，尽管英国曾经是美国的殖民宗主国，美国曾经是经过了战争才获得了独立。而对以德国为核心的同盟国阵营，则有着一份天然的戒心和敌意。

图4-4 1915年5月7日,英国客轮"卢西塔尼亚"号在爱尔兰海面被德国U-20号潜艇击沉,船上1198人遇难,其中124人是美国籍。

不过,情感上的好恶并不妨碍美国同时和两大阵营做生意,毕竟经济利益是真金白银,看得见摸得着的,谁也不会和钱过不去。所以美国也并不想和德国撕破脸。

1915年5月7日,英国客轮"卢西塔尼亚"号在爱尔兰海面被德国U-20号潜艇击沉,船上1198人遇难,其中124人是美国籍。美国向德国提出了强烈抗议。尽管这一事件导致了美国和德国关系出现裂痕,但还没有彻底破裂。

1917年2月1日,德国宣布开始实施无限制潜艇战,也就是将攻击在交战海域出现的任何船只,不论是敌对国还是中立国,也不论是有武装还是非武装。很显然这一政策对美国的影响最大,因此2月3日美国宣布和德国断绝外交关系。德国也由此意识到美国加入协约国阵营将是早晚的事,而美国一旦参战,无疑将会彻底打破战场上的僵局。

为了阻止美国参战,德国外交大臣阿瑟·齐默尔曼想出了一个高招,向墨西哥提供军事和经济援助,让墨西哥进攻美国。同时再怂恿日本从太平洋上进攻美国,这样就从两个方向进攻美国,使得美国自顾不暇穷于应付,那么也就没办法来参加欧洲的战争。

俗话说无利不起早,光给一些军事和经济援助,很难说动墨西哥进攻美国,所以德国还表示战后可以将得克萨斯、新墨西哥和亚利桑那还给墨西哥,这三个州本来就是墨西哥的领土,是在19世纪美墨战争中被美国强占去,现在可以物归原主,显然这样的利益才会让墨西哥动心。

1917年1月16日,齐默尔曼将这个计划用密电发给德国驻美国大使约翰·冯·贝伦多尔和德国驻墨西哥大使亨尼希·冯·埃尔哈特。本来德国到美洲的电报可以使用自己的电缆线路，但开战第一天这条电缆就被英国人切断了。这自然给德国的通信造成了很大麻烦。于是后来德国就通过瑞典的线路与美洲进行联络，这样德国到美洲就要通过柏林—斯德哥尔摩—伦敦，绕了一大圈再到华盛顿。英国发现中立国瑞典在帮助德国，便向瑞典提出了强烈抗议。迫于英国的压力，瑞典关闭了这条线路，但很快瑞典又偷偷开通了一条到阿根廷首都布宜诺斯艾利斯的线路，同样也提供给德国使用。不过，这条线路同样要经过伦敦，英国自然很快又发现了，不过这次英国却装聋作哑，当作不知情。因为英国已经可以破译德国的密码，那么这条线路可以成为英国情报的来源，所以也就没必要掐断这条情报来源渠道了。

除此之外，德国还有一条直通美国的线路，这是1916年底，德国向正在进行外交斡旋的美国总统威尔逊提出，如果德国和美国之间有一条直通线路的话，就可以大大有利于和平的努力。这个提议得到了威尔逊的同意，于是德国就有了一条和美国的直通线路，不过这条线路同样要经过伦敦。

齐默尔曼为了确保万无一失，将这个计划通过两条线路同时发送。当然不出意料，通过两条线路发出的密电都被英国截获了！

1月17日，"40号房间"仅用了不到一天就破译出了这封重要的电报。当时负责"40号房间"的奈杰尔·德格雷见这封电报事关重大，立即通知了霍尔。德格雷认为这是使用德国外交密码加密的，破译小组破译出了其中一部分片段，虽然没有破译出"墨西哥"（毕竟这个词语之前很少出现），但是"无限制潜艇战""与美国开战"等关键词已经被破译出了，光凭这几个关键词，就足以说明这封电报的重要性了。

看到只破译出片段的电报，霍尔就敏锐地意识到这封电报很可能会成为推动美国参战的关键契机。他要求"40号房间"尽快将整封电报的内容破译出来。

图4-5 为了阻止美国参战,德国外交大臣阿瑟·齐默尔曼决定向墨西哥提供军事和经济援助,让墨西哥进攻美国。

尽管还没有破译出"墨西哥"这个关键词,但霍尔凭借对国际关系的准确分析和判断,基本断定就是墨西哥。如果将这封电报公布于众,霍尔还有两个难题,第一个是如何不引起德国人对自己密码安全性的怀疑,从而更换密码,使得英国失去这样一个重要的情报来源;第二个是如何使得美国相信这封电报的可信度,但也不便将破译外交密码告诉美国。

想来想去,霍尔认为如果这封电报涉及墨西哥,那么一定会发到墨西哥,这样墨西哥的电报局就一定会留存底稿。于是,在霍尔的安排下,一名英国特工潜入墨西哥城的电报局,成功偷出了这份电报的底稿。这样一切的难题都迎刃而解了,这封偷来的底稿就完美证实了英国破译德国外交密码的事实,同时也能让美国相信这份电报的真实性。

随后,霍尔就将这封历史上著名的"齐默尔曼电报"交给了和英国情报机关联系的美方联络员艾迪·贝尔和美国驻伦敦大使沃特·佩奇。2月25日,美国总统威尔逊收到了这封电报的内容,他看完之后大为震惊,他怎么也想不到德国竟然会做出这样阴损的事情。

3月1日,"齐默尔曼电报"的内容作为重磅新闻在美国各大报纸头版刊登,美国民众瞬间被激怒了,当初齐默尔曼就任德国外长时,美国人大都对他抱有好感，认为他的上任可能代表了德国将会采取更为开明的外交政策，都对他寄予厚望，甚至称他是"我们（美国）的朋友"。而现在这位朋友却做出了如此歹毒的事情，可谓群情激愤。

随后，威尔逊在国会发表演讲，他怒斥德国的这一阴谋："我们终于认识到，德国政府对于我们没有真正的友谊可言，相反他们打算在他们认为适当的时候，破坏我们的和平与安全。"他同时向国会提交了与德国宣战的议案，不出意外，美国参众两院都以绝对多数通过了对德国宣战的议案。

4月6日，美国正式向德国宣战，就此加入协约国阵营。

毫无疑问，英国的密码破译机构"40号房间"对于推动美国参战，绝对是居功至伟。而美国参战，对于第一次世界大战的进程而言，是非常重要的。所以，"40号房间"改变了第一次世界大战的走向是毫不为过的。

第一次世界大战结束后的1919年11月，"40号房间"和陆军负责密码破译的陆军情报部第一处C科合并，重组成立了英国政府代码及加密

图4-6 英国破译了齐默尔曼电报，并通报给美国，引起美国对德国的强烈不满，1917年4月6日，美国正式向德国宣战。

学校（Government Code and Cipher School，字母缩写 GCCS，简称密码学校）继续负责密码破译工作。密码学校最初成立时只有 25 人，虽然大部分来自陆军情报部，但海军情报部坚持这个新机构的负责人必须是海军情报部的人。由于海军情报部的"40 号房间"在战争期间的卓越表现，最终密码学校的负责人还是由来自海军情报部的阿拉斯泰尔·丹尼斯顿担任。由于战后政府密码学校主要破译各国的外交密码，所以就由英国外交部领导，对外公开名称也叫外交部情报司。直到 1923 年，才重新转归秘密情报部领导。办公地点就在秘密情报局的伦敦总部大楼，并由情报局局长兼任密码学校校长，但仍由丹尼斯顿负责实际工作。第二次世界大战爆发时，密码学校的工作人员已经达到 200 人，并迁往伦敦西北约 70 千米的白金汉郡的布莱奇利庄园。布莱奇利庄园是属于英国政府所有的地产，占地约 580 亩，主建筑是 19 世纪金融家赫伯特·莱昂爵士置办的一幢哥特式城堡，密码学校的办公室就在这幢大楼的图书馆、餐厅以及舞厅里。随着战争的进行，密码学校也越来越受到重视，人员和经费不断增加，成为破译德国恩尼格玛最主要的机构，并最终取得了成功，为战争的胜利做出了杰出的贡献（有关布莱奇利庄园的内容详见本书第十章）。

1946 年 6 月密码学校更名为英国政府通信总部（Government Communications Headquarters，字母缩写为 GCHQ），如今是英国负责通信、电子信号侦察以及邮电检查，向英国政府和军队提供信号情报和信息保障的情报机构，和英国著名的军事情报第五处（MI5）、军事情报第六处（MI6）并称为英国情报系统的"三驾马车"或者"三叉戟"。不过，对于通信总部英国政府长期以来都是讳莫如深，直到 1985 年之前都从来没有公开承认过有这么一个负责电信情报的机构。

今天的通信总部地位比较特殊，作为一个情报和国家安全机构，却向外交大臣负责，但又不隶属外交部。和英国国家安全局（前身是军情五处）、秘密情报局（前身是军情六处）一同受联合情报委员会（JIC）的领导。

如今，通信总部的总部大楼设在伦敦西面的切尔特南镇，所以又被称为"切尔特南中心"。这幢大楼是在2001年"9·11"事件以后重新建造的，不但各种技术设施完备，而且吸取了"9·11"恐怖袭击的教训，强调坚固性，足以抗击波音747客机的直接撞击。大楼建造耗资3.37亿英镑，是欧洲第二英国最大的政府办公大楼。因为大楼外形好似炸面包圈，所以得到了"炸面包圈大楼"的外号，和美国国防部五角大楼有得一拼。

图4-7 今天的英国通信总部是英国最重要的情报机构之一。

通信总部拥有密码专家、数学家、科学家、语言学家等专业人员约1.3万人，其他工作人员约2万人，还有大约1.1万雇佣人员。在世界各地设有近100个监听站，监听的范围包括大西洋卫星2万对线路和8个国家电缆上的5000对线路。监听手段包括窃听电话、无线电报、有线电传、微波电讯和卫星通信。通信总部的电子设备非常先进，甚至可以监听到俄罗斯境内军事演习时坦克车长之间通过无线电进行的对话。是现在世界上和美国国家安全局（National Security Agency，字母缩写为NSA）齐名，规模最大设备最先进的电讯情报机构。

法国在协约国阵营各国中，在密码领域可以算是历史最悠久，现在耳熟能详破译的密码机构的代名词"黑室"就是路易十四最早建立的，路易十四年间的"大密码"更是要过了200多年才被破译。普法战争后,战败的法国痛定思痛,更加深刻意识到只有在密码破译领域掌握更高技术,通过密码破译洞悉对手的秘密,从而使自己掌握先机与主动,才能在未来战争中立于不败之地。所以,法国一直都很重视密码破译工作,当1914年第一次世界大战爆发的时候,法国的密码破译部门已经做好了应对战争的准备。

1915年法国陆军部成立密码局,由佛朗索瓦·卡蒂埃担任局长。密码局同时也负责无线电监听,这样监听获得的密电就不用跨部门移交,而是在密码局系统内直接交给破译部门,大大缩短了密码破译的整个流程。同时,密码局在陆军总司令部内设立密码处,在法军各集团军群、集团军司令部内也都设立了密码处或密码科,从陆军总司令部到各集团军形成了密码工作的完整条线,既可以迅速搜集无线电情报,也可以将破译出来的情报尽快通知有关的部队。

法国的密码破译人员在工作中并不仅仅是刻板的对截获的密电进行破译,而是更具创意,主动采取措施来验证自己的判断。例如,破译人员判断"12345"这组数字可能代表坦克,就会让部队出动坦克故意在德军视

图4-8 在战场上,协约国的无线电通信部队截获了大量同盟国军队的无线电通信。

野范围内活动，然后全力侦听德军无线电通信，如果接下来德军无线电密电中出现了"12345"，就意味着可以断定"12345"就是表示坦克。一般而言，一个词组的成功破译，就等于是在整个密码系统中打开了突破口，接下来破译整个密码也就为时不远了。

法国在第一次世界大战中最著名的成就就是破译了德军 ADFGVX 密码。

美国参战后，数百万美军陆续抵达欧洲，打破了战场上的僵局。不过由于俄国发生十月革命，随后成立的苏联宣布退出战争，这样德国就可以不用再同时应对两线作战，可以将东线的几十个师的部队都调回西线。因此德国最高统帅部信心大增，决定集中优势兵力，对法军战线展开一场大战役，一举占领法国首都巴黎，迫使法国退出战争。为此，德国集中了 400 万兵力，1.5 万门大炮，3000 架飞机，雄心勃勃地准备发起攻势。

德国也意识到在之前的战争中因为密码被破译，付出了很大代价，所以这次至关重要的大战役，格外重视密码安全。德军总参谋长鲁登道夫下令更换新密码，而且所有和作战计划相关的电文都必须用新密码加密后才能发出。编制这套新密码的重担就交给了德国著名的密码学家弗里茨·纳贝尔。纳贝尔深知德军现在的无线电通信水平很低下，战前培养出来的有经验的报务员在战争中损失惨重，现在德军中的无线电通信人员大都是刚刚培训出来的新手，业务水平非常低，所以如果新密码操作难度过大，肯定难以应用。因此他在设计这套新密码时，就非常注重操作的简便性，发送简便，译电简便，只有这样才能让通信业务能力低下的德军无线电人员迅速掌握，迅速应用。

就是基于这样的设计思路，纳贝尔的新密码就用 ADFGX 这五个字母为密钥来编制密码，所有的字母和数字都用 ADFGX 这五个字母来替换，所以被叫作 ADFGX 密码。这套密码简单也便于操作，非常适合当时的德军使用。原理基本上是采用了古希腊的波利比乌斯棋盘格密码和维吉尼亚密码原理相结合，对明文进行两次加密，第一次就是基于波利比乌斯棋盘格密码，用ADFGX 5个字母建立一个5×5的表格，将26个英文字母填进表格进行替换。显然这只是一种单表替换密码，安全性较差，用频率分析法就可以轻松破译。所以纳贝尔又设计了第二次加密，就是使用一个关键密钥字母，来确定第一步加密的棋盘格顺序。其实这就是维吉尼亚密码的原理。这样两步加密法结合起来，安全性就相当高了，确实是一种非常成功的密码。

1918年3月5日，德军开始全面启用ADFGX密码。法军自然也截获很多德军的密电，但是看到电文里翻来覆去ADFGX这几个字母，破译人员实在是伤透了脑筋，就连法国的首席破译专家乔治·佩因文都束手无策，完全无从着手取得突破。

3月21日，德军投入62个师在阿拉斯到拉费尔一线展开了猛烈进攻，史称"鲁登道夫攻势"或"皇帝会战"，德军出动了精锐的暴风突击队渗透到法军战线，打开突破口后，再引导主力乘隙突进，很快就在法军战线上撕开了宽达60千米的缺口，并在4天里就推进了22.4千米，这是1914年战争爆发以来前所未有的进展速度，不过德军后劲不足的缺陷也随着攻势的发展而逐渐暴露出来，英法联军才得以缓过劲来，最后直到亚眠一线才稳住阵脚建立了新防

图4-9 在第一次世界大战中法国的首席破译专家乔治·佩因文。

线，挡住了德军的进攻。

德军这次攻势的成功，很大程度是新密码保证了作战行动没有泄密。不过在战役期间，德军各部队之间的无线电联系不可避免会急剧增加，而大量的密电就给法军的密码破译提供了足够的素材。佩因文利用频率分析法对这些密电进行分析，发现德军这种新密码的棋盘密钥每天都要更换，就连字母换位密钥也都是每天更新，破译难度确实非常大。不过佩因文还是取得了一定进展。

4月1日，法军截获了18封德军密电，总共532个5位数字的密码词组。佩因文发现密电中有些部分非常相似，他断定这应该是军事书信的标准格式，所以可以假设某些词汇或短语。注意到有重复之后，佩因文就开始猜测密钥的长度，他通过对比两封开头相同的密电，然后运用频率分析法进行验证，首先破解出了棋盘格密钥，然后再根据频率分析法进行计算，终于破解出了长达20位的换位密钥。就这样到4月5日，佩因文的不懈努力，终于有了回报，破译出了第一封ADFGX密码密电。

5月，德军又在埃纳河地区发动攻势，形成了正面80千米、纵深60千米的马恩河突出部，随后德军在这里集中了48个师、6300门火炮、400架飞机，准备再发动一次攻势，攻占巴黎，结束战争。到6月，德军已经推进到距离巴黎还不到50千米，就在这个关键时刻，佩因文突然惊愕地发现德军新密码的密钥在ADFGX 5个字母基础上又增加了一个字母V，这无异于五雷轰顶，后来佩因文回忆道："这简直是在我心口上狠狠捅了一刀，我这辈子都无法忘记，看到第六个字母时的痛苦心情。"

佩因文判断增加一个字母就意味着这套密码的基本坐标方格从5×5扩大到6×6，而这么做显然就是为了更便于用0—9数字进行编码。经过缜密的推理和大量的周密计算，佩因文终于在6月5日破译出了第一封ADFGVX六字母密钥的密码电文，这封密电很简短，"速运弹药，如不被发现，白天也可运。"虽然电文字数不多，但信息量极大。什么情况下，才会如此急需弹药？而且要保密，白天运送必须要在不被发现的前提下？毫无疑问，这里一定将是德军下一轮攻势的主攻方向。发出这封密电的是位于巴黎以北贡比涅地区的德军第18集团军。

现在一切都真相大白，这个情报对于法军来说至关重要。因为战争进行到此时，法军也已经是精疲力竭，手上的生力军并不多，预备队所剩无几，如果不能准确判断德军的主攻方向，就只能处处设防，结果必然就是处处薄弱。而佩因文破译出的这封密电，就明白无疑地指出了德军的主攻方向，这就为法军应对德军攻势提供了最重要的情报保障。法军就根据这个情报，迅速派出预备队加强了贡比涅地区的防御。6月5日，德军果然向贡比涅发起了猛攻，但是遭到了预作准备的法军迎头痛击，经过5天的激战，德军的进攻击退了。

贡比涅战役是德军在第一次世界大战中的最后一次攻势，可以说是德军最后孤注一掷的努力，结果耗尽了最后的力量铩羽而归，从此德军直到战争结束都再也没有发动过主动的攻势。可以说，贡比涅之战奠定了协约国最终胜利的基石，所以佩因文破译的这封密电也被称为"胜利电报"。

图4-10 法国通过无线电破译准确预测到德军将向贡比涅发起进攻，因此做好了应战准备，赢得了贡比涅战役的胜利。

当德军向贡比涅发起进攻的消息传来，破译出德军密码的大功臣佩因文便再也支撑不住而一头瘫倒在地。为了破译 ADFGVX 密码，他可谓心力交瘁，在短短一个月里体重就整整下降了 5 千克，此后在医院足足休养了 6 个月才恢复。

后来佩因文是这样回忆破译 ADFGVX 密码的："这在我的人生中留下了不可磨灭的印象，是我一生中最光辉最杰出的记忆。"编制出 ADFGVX 密码的纳贝尔则说："ADFGVX 密码的安全性还是很高的，但我们没有预料到的是会遇到像佩因文这样的高手。"

> 资料 4-1：两次世界大战停战的签署地——贡比涅
>
> 贡比涅并不是因为第一次世界大战最后一次战役而著称，而是这个小地方竟然在两次世界大战中签署了两次停战协定。
>
> 贡比涅位于巴黎东北约 60 千米，埃纳河和瓦兹河交汇之处，是一片面积达 140 平方千米的森林，景色怡人，所以路易十五在这里修建了贡比涅宫。
>
> 1918 年 11 月 11 日，在贡比涅森林的一节火车车厢里，法国元帅费迪南·福煦和德国政治家马提亚·艾尔兹贝格签署了第一次贡比涅停战协定，第一次世界大战就此结束。
>
> 真可谓命运弄人，仅仅二十二年以后，1940 年 6 月 22 日，纳粹德国仅用 31 天就一举击败法国，希特勒特意选择了贡比，还是同一节火车车厢，德国最高统帅部参谋长威廉·凯特尔元帅与法国军队代表查尔斯·亨茨盖将军签署了第二次贡比涅停战协定。

在第一次世界大战期间，虽然各国都编制了很多新密码，但本质上都是在以前旧密码的基础上再加以变化或组合，这一现象的主要原因还是当时的计算技术不够发达，加密机械不够先进所造成的。毕竟在当时的技术条件下，更复杂的加密计算方法，根本无法实现。直到第二次世界大战，这个情况才得以改变，因为到1930年代加密机械已经开始出现，并逐渐普及。

所以，在第一次世界大战期间，破译密码的难度其实并不太大，只是需要极其大量的计算工作量，即便有早期的计算机进行辅助，面对海量巨大的计算量，也足以让破译者望而生畏。

由于无线电通信技术在战争期间得到广泛应用，也使得截获对方的无线电通信的数量急剧增加。就以法国来说，在整个战争中截获德军的无线电通信数量，就高达1000万个单词，这在以前简直是不可想象的。因此，无线电通信技术的发展和密码技术的发展，绝对是密不可分。

第五章 美国黑室

18世纪当密码技术在欧洲已经十分兴旺时，在大西洋彼岸的美洲大陆，这个领域还是一片沉寂的荒野。到独立战争爆发，即便有了战争的催化，密码也没有出现蓬勃发展的状况。直到独立战争接近尾声，华盛顿率领的大陆军才因为缴获英军的加密信件越来越多，有了足够的积累，才开始逐渐意识到密码的重要，开始对英军的加密信件进行破译。当然，这个时候无线电还没有发明，破译主要还是针对加密的文件和信件。大陆军的头号破译大师就是詹姆斯·洛弗尔，他的这个名号并不是浪得虚名，在破译英军的加密信件方面确实取得了很大成就。

1781年秋，驻美洲英军副司令查尔斯·康沃利斯准将率部从卡罗莱纳向北进入弗吉尼亚，然后沿詹姆斯河顺流而下，向海岸方向进军，准备和纽约的驻美洲英军司令亨利·克林顿少将指挥的英军会合。当康沃利斯的英军到达约克镇之后，很快就被华盛顿率领的1.7万美法联军包围了。陷入重围后，康沃利斯赶紧向克林顿求援，但克林顿认为美法联军主攻方向是自己的纽约，对约克镇只是佯攻，所以只派出格拉夫斯准将率领一支小舰队前去救援，结果在切萨皮克湾遭到德格拉斯率领的法国舰队拦截，英军舰队实力太弱，难以突破法军舰队拦截，最后只得悻悻退回纽约。

在岸上，华盛顿指挥的美法联军攻占了约克镇外围的高地，架起大炮向约克镇的英军猛轰。康沃利斯见援军无望，自己又被围得水泄不通，而且周边制高点尽失，势难持久，因此只得率手下 8000 名英军向华盛顿投降。这次战役被称作"约克镇大捷"而载入史册。这一战也是独立战争的最后一战。正是由于英军在约克镇战役中遭到惨败，英国议会不得不同意议和。1782 年 11 月，英美两国签署《巴黎和约》，正式标志着美国取得了独立战争的最后胜利。

1783 年 9 月，美洲 13 个州宣告独立。1786 年 7 月 4 日，在费城召开了第二届大陆会议，通过了《独立宣言》，宣告美利坚合众国成立。

约克镇大捷作为独立战争的收官之战，对独立战争的最终胜利具有重要意义。而美法联军之所以能够在约克镇之战中取得胜利，关键原因就在于詹姆斯·洛弗尔破译了康沃利斯和克林顿两人之间的来往信件，掌握了康沃利斯的行军路线，从而才能使华盛顿占得先机，在约克镇包围了康沃利斯，最后迫使其率部投降。

图 5-1 约克镇大捷是决定美国独立战争胜利的关键战役，在这场战役中，美国大陆军破译英军密信，是取得战役胜利的重要原因。图为位于费城的美国独立纪念馆。

因此可以说，密码破译对于美国的建立立下了卓越功劳。

在大陆军中的密码高手，还不止詹姆斯·洛弗尔一个，美国开国三杰之一、《独立宣言》的起草人、美国第三任总统托马斯·杰弗逊就是一位密码大师。他发明了一种密码机，由36个转盘和一个转轴所组成，每个转盘以不同顺序在边缘标记有字母，每个转盘都有对应的唯一编号，而转盘在转轴上的顺序就是密钥。使用也很简单，只要转动这些转盘，就可以进行加密和解密。发送者按照约定的顺序，排列这些转盘，然后逐个转动转盘，用每个转盘上出现的字母排成一条线，拼写出内容。再从转轴中另选一条线，这条线上的字母就是随机产生的。把这些随机字母发送出去，接收方只要按照约定的顺序，排列这些随机产生的字母，就可以在另一条线上得到原文。

杰弗逊的设计思路很聪明，这套密码机械36个转盘所产生的组合概率，是36的阶乘，也就是高达372后面39个0的天文数字，被破译的可能性极为渺茫。这套密码机械被称为杰弗逊转盘或杰弗逊轮式密码。杰弗逊转盘密码机是人类最早期的密码机械，而这种轮式设计也一直是早期密码机的主流，得到了广泛应用，对于密码机领域的影响可谓极其深远，被一直沿用到20世纪，美军直到第二次世界大战都在使用基于这种原理的轮式密码机。

但是也有人说，杰弗逊并不是这种轮式密码机最早的发明人，早在17世纪40年代就已经出现

图 5-2 美国第三任总统托马斯·杰弗逊发明了一种原始密码机，被称为杰弗逊转盘。

了类似原理的密码机，只是没有留下相关的详细资料和实物。

不过，杰弗逊发明这套转盘密码后，生产的数量很少，所以少有人知，这主要是出于保密的考虑，有关细节一直被列为最高机密，直到1929年才被公开。这样一来，杰弗逊发明密码机也很少有人知道，大约100多年后的1901年，法国密码局的厄特尼·巴兹瑞斯也发明了类似的密码机，他的发明相对来说知名度更高，所以这种转盘也被叫作巴兹瑞斯转盘。

进入20世纪之后，美国著名的密码学家希特——他在1915年出版了《军用密码解密手册》，此后他又在巴兹瑞斯转盘密码机的基础上加以改进，发明出了条带密码机。这种密码机的核心就是一个可以滑动的条带，条带上每一行可以打20个字母，然后换第二行。希特的密码机问世以后，很快就引起了美国陆军通信兵工程与研究部主任莫博涅少校的注意，莫博涅对希特密码机又进行了进一步的改进，研制出了著名的M94密码机，成为美国陆军的制式密码机，从1922年一直使用至1945年第二次世界大战结束。

M94密码机有25个转盘，从理论上说，可以产生15亿种排列组合，这样大的计算量，破译几乎是不可能的。但是密码学家戈贝尔在他的专著《编程、密码和破译》一书中就介绍了破译M94密码机的基本原理。因为戈贝尔发现了M94密码机的一个致命缺陷，那就是每个转盘上

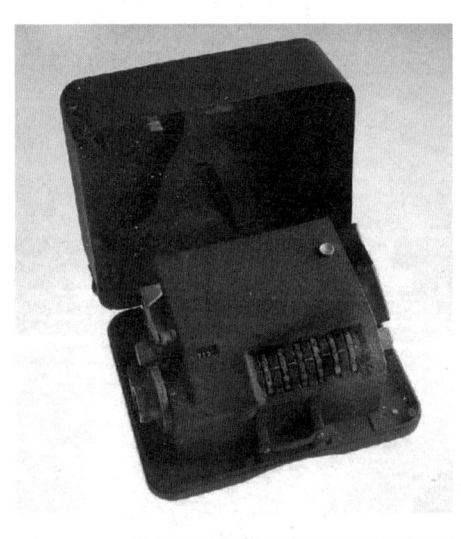

图5-3 美国著名的M94密码机，作为美国陆军的制式密码机，从1922年一直使用到1945年第二次世界大战结束。

从明文到密文，每个字母的偏移量都是一样的！明文中每个字母都是排成一行，同样密文中的每个字母也是排成一行。所以破译M94密码机的关键就是找到切入点，也就是将明文转换成密文时频繁出现的短语。例如，在第二次世界大战中，同盟国破译德军密码时，找到的切入点，就是纳粹党人在每封文件结尾处必然出现的"Heil Hilter"（嗨！希特勒！）而且这个短语多达10个字母，对于破译实在是太理想的切入点。

尽管M94密码机存在这样的缺陷，但是在20世纪30年代，这种密码机还是非常先进的，安全性也很好，所以美国陆军一直使用到1945年。

此后，莫博涅又在1918年发明了一种安全系数更高的密钥，这套密钥使用波多码对字母进行编码，并在织带上打孔。这本质就是一种二进制的表示法。一条打过孔的明文织带放进密码机，同时产生一条加密后的打孔织带，这就是密文了。接收方只要进行反向操作，将密文打孔织带放进密码机，就会自动产生明文的打孔织带。

1817年，美军的沃兹沃思上校——一位炮兵军官同时也是工程师，他发明了另外一种轮式密码机，和杰弗逊密码机不同，而是更类似于阿尔伯蒂密码盘，采用2层转盘，外层包括26个字母和数字2—8，都是刻在黄铜底版上的活字，可以任意组装。内层转盘则只有26个字母。两层转盘之间以3：26的比例连接，在两个字母的连接处还有一个小铜片。在刻度盘上还有2个小孔，可以看到不同的字母。使用时，发送者和接收者都必须按照事先约定的外层转盘字母顺序和起始位置。发送者在外层找到明文字母，再找到相对应的内层字母，发送出去就可以了。接收方的操作正好相反，找到内层的字母，再找到外层相对应的字母，就可以译成明文。虽然这个设计思路也很精巧，但是由于沃兹沃思很快去世，他的这套密码机也就逐渐湮灭在了历史烟云中。

既然说到了密码机，就再顺便多介绍一些。1867年英国著名物理学家查尔斯·惠斯通也发明了一种转盘密码机，和沃兹沃斯的密码机比较相似，也是 2 层转盘，不同之处就在于惠斯通的密码机外层是 26 个字母加一个空格，内层就是 26 个字母。在转盘上有 2 个可以转动的指针，长针指向外层转盘上的字母，短针指向内层转盘上的字母。在使用时，起始位置长针必须指向外层的空格，然后依次指向明文的每个字母，然后记下对应的内层转盘上的字母。不过，这种密码机加密之后密文是连续的，没有正常明文词组之间的间隔，如果遇到出现连续 2 个相同字母时，就必须使用一个不常用的字母（例如字母 Z），来替代第二个字母。

作为连接字母的齿轮，可以使长针在转完第一圈时，短针自动转到第二圈的第二个位置。

接收方在解密时，只要转动长针，带动短针对准密文的字母，这时长针所对应的字母就是明文了。

为了进一步提高安全性，还可以将 26 个字母刻录成黄铜小卡片，插在内层转盘的卡槽中，不用的时候还可以将这些字母卡片取下来。

惠斯通密码机被认为是安全性极高的，当时担任法军军事委员会主任的洛兹达上校，在看到惠斯通密码机后就表示这一加密装置是"绝对安全的"。但是这句话说了之后才过去了 4 年，在《麦克米兰杂志》上就刊登了一篇文章，提出了针对惠斯通密码机的破译方法。这种破译方法要基于大量的计算，就可以对 the 开头的句子，进行成功破译。

由此可见，世界上根本就不可能有一种密码或密码机是"绝对安全"的，包括之后比惠斯通密码机安全性高得多的恩尼格密码机，也照样被破译

图 5-4 1867 年英国著名物理学家查尔斯·惠斯通发明了一种转盘密码机。

了。看上去再坚不可破的密码体系，早晚都会被攻破。

再回到美国的密码破译。

在南北战争期间，南方的邦联军使用的是维吉尼亚密码表加短密钥，有时还把维吉尼亚密码表做成金属的密码盘。北方的联邦军则使用字移位体密码。南军基本上无法破译北军的密码，而北军只要缴获了南军的一个金属密码盘，那么就可以很轻松地破译南军的密码。有了金属密码北军的破译速度非常快，简直就像在将自己的密文译成明文，有时候北军已经破译出了南军的密电，而南军自己的译电员却由于技术不够熟练都还没有译出来。

北方在各方面都比南方占据优势，在密码方面也是如此，尽管在战争中密码破译对北军的帮助并不是太突出，但也在一定程度上帮助北军最终赢得了胜利。

除了在枪林弹雨的战场上，在看不见硝烟的政坛上，同样也离不开密码。

1878年，美国国会中期选举时，亲共和党的《纽约论坛报》编辑约翰·哈萨德和威廉·格罗夫纳，还有数学家爱德华·霍尔登，一起破译了民主党在1876年总统选举中使用的密码，然后将破译出来的电报原文刊登在《纽约论坛报》上，揭露了民主党在总统选举中的贿选行径，顿时引起了舆论的一片哗然，民主党的声誉因此一落千丈，不仅使得共和党在当年的国会选举中大胜民主党，而且还一举赢得了1880年的总统选举。

这些鲜活的事例，终于使得美国开始逐渐认识到密码的重要性，不过相比欧洲，美国无论密码编制还是破译都差得很远。但是密码事业毕竟在美国落地生根，引起了不少人对密码产生了浓厚兴趣，其中就出现了一位天才的密码大师。他就是赫伯特·雅德利（旧译作亚德利）。

雅德利，1889年出生于美国印第安纳州沃辛顿镇。雅德利的母亲在他13岁时就去世了，雅德利的父亲是一个铁路小站的站长，雅德利从小

图5-5 "美国黑室"的创始人赫伯特·雅德利。

跟着父亲,很小就从父亲那里学会了电报收发,而且对电报极有兴趣。加上从小就显露出在数学方面的过人天赋。雅德利最大的兴趣爱好就是扑克,这也是他的终生爱好,当然他的扑克技艺相当高超。这些都对于他后来密码破译帮助很大。

1907年,雅德利高中毕业升入芝加哥大学,但只上了一年大学就回到家乡接替父亲的职位。1912年,雅德利通过公务员考试,来到了华盛顿,成为美国国务院的一名报务员,负责抄收电报和文件。正是在这段工作期间,雅德利接触到了密码,立即对密码破译产生了浓厚兴趣,并开始自学密码破译,决心将破译密码作为自己终生追求的目标。在此期间,他得到了一本美国陆军通信兵学校的密码教材,书中介绍了很多密码的基本知识,但都非常简单。尽管非常简单,但这毕竟是雅德利得到的第一本和密码相关的专业著作,成为他敲开密码世界的第一块敲门砖,之后他在回忆录中对这本书依然念念不忘,专门提了一笔。

1916年5月,雅德利在收发报时,很偶然发现,自己竟然仅用了不到2小时就破译出了威尔逊总统派往欧洲的特使豪斯上校发给总统的密电,而且还知道美国总统使用的密码竟然10年都没有更换过了,这就更让雅德利倍感震惊。这样的密码还有什么安全性可言?这也促使雅德利开始对美国的外交密码进行研究和分析。

1917年1月,"齐默尔曼电报"事件轰动了美国,雅德利也更加意识到外交密码对于国家安全的重要性，他立即根据自己这几个月来对美国外交密码的研究，写了一份长达 100 多页的详细报告交给了美国国务院。这份报告确实引起了美国国务院的重视，随即就让雅德利编制一套新密码来替换当时使用的旧密码。雅德利用了 1 个月的时间就完成了这项任务。

美国参战后，雅德利想离开国务院去参军，因为他更希望能够通过破译密码来报效国家，但是美国国务院显然对破译密码没有什么兴趣，他们认为有些密码根本就是无法破译的，所以破译密码这件事很不靠谱。

于是他直接去找了美国陆军通信兵司令吉布斯上校，他将自己关于破译密码的论文交给吉布斯，来了一番毛遂自荐。但是作为美国陆军通信兵司令的吉布斯和国务院一样，对密码破译认识很肤浅，不过他虽然没有接受雅德利，但还是给他指出了一条道路，让他去找陆军情报部负责人沃尔夫·范德曼少校。

好在情报部门出身的范德曼少校很清楚密码破译的重要价值，尽管他觉得 27 岁的雅德利太年轻太稚嫩，但还是让雅德利立即去找吉布斯上校，让上校给他在在通信部门里安排一个职位，然后立即开始工作。

就这样，雅德利成了美国陆军通信兵的中尉军官，具体工作是负责为陆军培训密码破译人员。就在雅德利忙着筹建美军密码破译的培训体系时，美国收到了英国发来的一份备忘录，这份备忘录里英国非常正式而且严肃地指出，美国陆军的密码非常不安全，严重威胁到了协约国的军事机密，并表示英美两军之间的无线电联系很可能已经被德军所截获，因此已经毫无秘密可言。

这份备忘录立即引起了美国陆军的高度重视，马上就对陆军使用的密码进行调查。而负责主持调查工作的就是雅德利，因为现在美国陆军里精通密码的行家里手也就只有雅德利了。雅德利经过认真调查，认为美国陆军的密码确实泄密了。1916 年美军在和墨西哥的一次边境冲突中，有一本密码本被墨军所缴获，墨西哥已经将这本密码本的副本交给了德国。雅德利还发现美军的密码系统在结构上就存在致命缺陷，即便德国人没有拿到密码本，也照样可以破译。

于是美国陆军部立即命令雅德利负责为美国陆军编制一套新的密码。此时，在美国陆军眼里，雅德利就已经将密码安全完全交付给了雅德利。

同时，雅德利也提出了一份报告，建议聘用50名密码专家，成立一个密码破译部门。这个建议终于引起了美国国务院和陆军部的重视。

1917年6月，美国陆军军事情报部部长范德曼决定成立一个专门负责电信情报和密码的部门，军事情报第8处（MI8），处长自然非雅德利莫属。雅德利在军情8处设立了5个科，分别负责密码编制、通信、速记、隐形墨水实验室和密码破译，毫无疑问，雅德利最看重的就是密码破译。就这样，"美国黑室"横空出世，而雅德利也因此被称为美国的"密码之父"。

无独有偶，美国海军也在1917年10月成立了负责密码破译的海军通信处。1922年7月，又成立海军通信处密码与信号科，对外宣称是海军作战部第20处G科。1923年3月，海军通信处密码与信号科又成立了一个调查室，由劳伦斯·萨福德上尉担任主任。和雅德利不同，萨福德既不是密码专家，也不是语言专家，他是一位非常善于情报分析的高手。20世纪30年代，美国海军通信处提出了"世界上最优秀的密码组合方式"，也就是"条形密码"。美国海军在第二次世界大战期间使用的"无限级数换字密码"正是基于这一原理——确实是非常优异的密码，整个战争期间，日本海军始终没能破译。

尽管美国直到1917年4月才参加第一次世界大战，到1919年11月战争结束，总共也不过两年半，而且军情8处也是一个刚刚建立的新部门，但依然为战争作出了不小贡献，包括破译了德国间谍帕布洛·瓦尔斯基（真名拉兹·维科特）的密码，从而将他送上了绞刑架；还通过隐形墨水发现了有着"安特卫普金发美女"之称的德国女间谍玛丽亚·德·维多利卡夫人的罪证，将她抓捕归案……

战争中军情8处最大的成就当属破译了苏联情报机关与海外情报网的密码通信,甚至破译了列宁与匈牙利共产党领导人库恩·贝拉之间的通信密电。

战争结束后,美国军队开始大裁军,因为战争的需要而急剧扩充起来的军事情报部门也在裁撤之列,雅德利的军情8处本来也要被裁撤,但他向新任陆军情报部长马尔巴罗·丘吉尔递交了一份报告,详细说明了密码破译在战争中的巨大作用,强烈要求保留军情8处。丘吉尔也很清楚密码破译的重要性,所以他和国务卿波尔克商量之后,决定保留军情8处。军情8处一年10万美元的经费由陆军和国务院共同分担,陆军承担6万美元,国务院承担4万美元。不过国务院有一项奇特的规定,不能在首都华盛顿所在的哥伦比亚特区使用这笔经费,因此雅德利只好将军情8处迁到了纽约,并开设了一家电报公司作为掩护的公开单位。

在雅德利的努力下,有着"美国黑室"之称的军情8处虽然得以保留,但是开展工作依然困难重重,因为美国在1912年通过《无线电通信法》,对无线电通信的私密性进行保护。在战争期间这部法律一度暂停实行,但战争结束就重新生效。这就意味着"美国黑室"将失去破译所必需的电报素材。不过雅德利没有坐以待毙,他靠着自己的人脉和西联电报公司、邮政电报公司都达成了协议,这些电报每天都会向"美国黑室"提供电报的底稿抄件。到1920年底,雅德利和美国所有的电报公司都达成了这样的灰色合作,可以私底下获得和美国来往的所有电报底稿。这样才不至于让"美国黑室"的工作搁浅。

战争虽然结束了,但密码破译还是有着重要的用武之地。在战后岁月里,雅德利领导的"美国黑室"最大的成绩就是破译了日本的外交密码,从而使得美国在1921年的华盛顿海军裁军会议上占尽了主动。

当时美英日展开了激烈的海军军备竞赛,各国都不惜耗费巨资建造战列舰，这也给各国的财政带来了巨大压力，最后不得不通过谈判来限制海军竞赛。美国主要针对的是日本，要求美国和日本的战列舰吨位比例是10:6，但日本却要求10:7。因此谈判一度陷入僵局。由于雅德利的"美国黑室"破译了日本的外交密码，掌握了日本最后能够接受的底线就是10:6，因此美国在谈判中寸步不让，最终迫使日本接受了10:6的方案。

在整个裁军会议期间，"美国黑室"总共破译了5000封密电，显然，雅德利的"美国黑室"为美国在这次海军裁军谈判中最终达到预期目标，立下了汗马功劳。因此美国负责这次谈判的国务卿休斯亲自给雅德利打来电话，向他表示感谢。

此后，"美国黑室"又先后破译了英国、法国、苏联、德国等许多国家的外交密码，总数超过了4.5万份。不过为了保护密码破译这一情报来源，"美国黑室"呈送给美国陆军和国务院的报告都采用新闻稿的样式，而且还会在报告开头加上"据可靠的消息来源"，文字叙述上也尽量采用新闻稿的语气。

不过，"美国黑室"的成就依然没能改变被冷落，甚至被裁撤的命运。1929年，新任国务卿亨利·刘易斯·史汀生认为"美国黑室"破译外交密电的工作是肮脏的勾当，破坏了他和这些外交关私人交往的基础，也破坏了他一贯遵循的相互信任的外交原则，他推崇"君子不拆人信件"，所以"美国黑室"的存在是不道德的，坚决主张裁撤"美国黑室"，并停止拨款。由于"美国黑室"军情8处的经费中有4万美元是由国务院承担的，所以国务院不提供经费，"美国黑室"自然难以为继，只得关门大吉。

1929年11月，"美国黑室"解散，所有雇员拿到3个月工资的遣散费。1930年1月，"美国黑室"军情8处正式关闭。

但是，"美国黑室"的关闭并不代表美国密码破译的终结。相反从某种意义上说，甚至促成了美国信号情报、电讯情报领域的新生。美国陆军成立了信号情报局，负责密码编制和破译，由著名的密码学家威廉·弗里德曼担任局长。1934年，信号情报局接手了原来由陆军副官长办公室负责的密码印制和分发业务，从而成为美国陆军在密码领域的核心部门。1938年以后，信号情报局在美国本土和海外设立了近100个无线电监听站，以截获别国的无线电密电。由于还是和平时期，所以信号情报局主要是破译别国的外交密码，尤其是针对日本的外交密码，到1940年9月终于成功破译了日本的外交密码"紫密"，对珍珠港事变之前美国和日本的外交谈判创造了极为有利的条件。

图5-6 1929年，新任国务卿亨利·刘易斯·史汀生认为破译别国外交密电是肮脏的勾当，停止了对"美国黑室"提供经费，"美国黑室"只得关门大吉。

此外，美国海军和联邦调查局也都有各自的密码破译部门。在第二次世界大战期间，美国的密码破译工作取得了很大成就，为战争胜利做出了巨大贡献。

第二次世界大战结束后，美国于1946年6月成立了信号情报委员会，负责协调各部门的信号情报工作。1949年5月，时任国防部长路易斯·约翰逊下令成立武装部队安全局，由参谋长联席会议节制，负责统一领导国家军事机构内除陆海空三军单独进行的通信情报和通信保密活动以外的信号情报活动。

1950年朝鲜战争爆发后，美国总统杜鲁门决定对美国的信号情报工作进行整合，他命令国防部长罗伯特·洛维特和国务卿迪安·艾奇逊对美国军队和政府系统的信号情报部门进行全面摸底和调研、评估，根据洛维特和艾奇逊的报告，杜鲁门于1952年11月签署了绝密备忘录《通信情报活动》，并下令裁撤武装部队安全局，成立美国国家安全局。从此，美国国家安全局就成了美国最重要的通信和信号情报部门，到今天已经发展成世界上规模最大技术最先进的通信和信号情报机构。

资料5-1：美国国家安全局

美国国家安全局（National Security Agency，字母缩写为NSA）是美国政府中最大的情报部门，专门负责收集和分析外国及本国通信资料，隶属于美国国防部，又叫国家保密局。是1952年10月根据杜鲁门总统的绝密指令成立的，将当时军事部门中的信号情报部门独立出来，以整合、加强美国的通信和信号情报工作。

图5-7 美国国家安全局是美国政府中最大的情报部门，专门负责收集和分析外国及本国通信资料，隶属美国国防部。

美国国家安全局的前身是1949年5月成立的"武装部队安全局"（AFSA），负责协调军队系统的信号情报工作，包括陆军安全局、海军安全组和空军安全服务部，不过当时武装部队安全局没有多大权力，主要只是进行协调。

1951年12月中央情报局局长给国家安全委员会主席递交了一份备忘录，建议成立一个统一的通信情报部门。美国总统杜鲁门采纳了这个建议，随即责成国防部长罗伯特·洛维特和国务卿迪安·艾奇逊进行调研，最后于1952年6月决定成立国家安全局，并规定了国家安全局的的工作范围，1952年11月4日根据杜鲁门总统的绝密指示，国家安全局正式成立，国家安全委员会情报组转为国家安全局的领导机构。

美国国家安全局在冷战结束前，具体运作始终是高度机密，只有极少数人知道它的存在，更少人知道它的作用，是美国最隐秘的情报机构。因此，内部人士将国家安全局的字母缩写NSA戏称为"No Such Agency"（没有这个局）。

图5-8 位于华盛顿以北的马里兰州米德堡的美国国家安全局总部，建筑面积达到15公顷，其规模比中央情报局的总部还要大，因此被称为"神秘迷宫"。

美国国家安全局总部位于华盛顿以北的马里兰州米德堡，建筑面积达到15公顷，其规模比中央情报局的总部还要大，因此被称为"神秘迷宫"。

国家安全局拥有遍布世界各地数以百计的固定式和机动式无线电监听和定位站及中心（包括美国驻各国使馆），还负责协调美国情报部门的电子间谍活动，并同北约国家的无线电侦察和无线电谍报机关进行合作。国家安全局的任务是保障电信安全和搜集国外情报；借助于地面、海上、空中和宇宙手段进行全球无线电和无线电技术侦察；负责破译世界各国的密码信息。

曾经担任国家安全局局长的威廉·斯塔德曼曾这样自豪地评价国家安全局："在美国所有的情报机构中，我们的规模最大，技术最强，我们的雇员最多，预算最多……"确切说，不仅是在美国，就是在全世界的情报机构中，都是如此。

2013年6月，美国中央情报局的技术分析员同时也是国家安全局的外聘人员爱德华·斯诺登向媒体公开了美国国家安全局关于PRISM监听项目的秘密文档，引起举世轰动，也让美国国家安全局再次成为世人关注的焦点。

雅德利在"美国黑室"解散后就失业了，当时正是全球性经济大萧条，他干过短暂一段时间的房地产，后来就用自己在"美国黑室"12年的经历著书立传。1931年他出版了详细叙述"美国黑室"工作经历的《美国黑室》，这本书出版后立即引起了轰动。著名评论家罗伯茨认为："这本书泄露的秘密超过了所有欧洲秘密工作人员的回忆录。"而后来担任陆军信号情报局长的威廉·弗里德曼则表示："我认为雅德利此举对国家的巨大损害，在今后很多年里都会一直显露出来。"

这本书当时在美国卖出了17931本，成为美国的畅销书，整个销量也是所有有关密码破译书籍的最高纪录。这本书被翻译成多国语言，在日本的销量更是达到了3.3万本。在全世界范围都引起了巨大反响，先后有19个国家更新了外交密码。反应最强烈的就是日本，痛斥美国的卑劣。但是在行动上，日本却并没有对自己的密码体系进行全面的评估和整改。这种轻视，之后就将在太平洋战争中付出惨痛的代价。

这本书使美国国务院处于非常尴尬的境地，同时雅德利此举无疑也违反了秘密工作的准则，遭到同行的质疑。美国政府以危害国家安全罪对他提起起诉。虽然最

图 5-9 大量的密码电报是破译所必须的素材。

后因为保密法美国政府无法提供证据，而没有告倒雅德利，反倒使雅德利成为轰动一时的名人，米高梅电影公司甚至特意根据雅德利的经历拍了一部电影，反映雅德利破译德国密码，挫败德国煽动墨西哥反美的阴谋。

心有不甘的美国政府在1933年5月通过了一项专门针对雅德利的法案《第37号公法》，今天这一法案作为《美国法典》的第18章第952条记载在册。

雅德利的这本书也传到中国，军统局的"老板"戴笠知道后指示军统华盛顿站站长、中国驻美大使馆副武官肖勃少校和雅德利联系，以年薪1万美元的高薪聘请雅德利来中国。1938年11月，雅德利来到中国，负责培训军统的密码破译人员，并指导军统对日军密码进行破译。雅德利不愧是密码天才，他很

快破译出了日军航空队的密码，为重庆的防空提供了早期预警。还发现了为日军提供情报的汉奸，为中国的抗战做出了贡献。

1940年7月，一方面是因为不适应重庆的天气而健康状况出现了问题；另一方面美国也意识到与日本的战争早晚会爆发，这样一位曾经是美国密码破译机构领导人的专家流落海外，总归是个隐患，因此派人联系雅德利，动员他回国。这样雅德利才离开了中国而回到美国。

回到美国后，雅德利又将自己协助军统破译密码的传奇经历写成了一本书《中国黑室》。随后他又受到加拿大政府的邀请，去加拿大协助建立密码破译机构。1941年11月又遭到美国军方的干预而不得不结束了在加拿大的工作而回国。

此后，雅德利回到家乡印第安纳州沃辛顿镇，开了一家小饭馆，但是饭馆生意惨淡，他也无心打理。他主要还是靠写小说为生，在此后的岁月里连续出版了3部间谍悬疑小说《金发伯爵夫人》《太阳的子孙》和《乌鸦的巢穴》。1957年雅德利又出版了自传《一个玩扑克牌的人的教育》。

1958年8月7日，雅德利在严重中风一个星期后不幸病逝，享年69岁。雅德利去世后被安葬在阿灵顿国家公墓，也算是对他为国家做出巨大贡献的一种肯定。

第六章 太平洋上的密码战

第一次世界大战结束后,美国密码战的主要对手就转为太平洋上的日本,因为日本明治维新之后接连取得了甲午、日俄以及第一次世界大战的胜利,国力迅速增长,同时侵略野心也逐渐膨胀,在亚洲太平洋上的扩张已经开始对美国形成了威胁。

雅德利领导的"美国黑室"军情8处和弗里德曼领导的陆军信号情报局,从20世纪20年代起最重要的工作对象就是日本的外交密码。因为毕竟还是和平年代,军事密码相对使用量较少,从技术上说破译的素材就少,而且价值也不大,重要机密文件都不会用无线电而是专人递送,到了战时一定是会更换新密码的。相反外交密码是本土和驻外使馆联系的主要工具,很多重大国际政治问题的决策、应对都会通过外交密码发送。

日本的外交密码主要有两种,一种代号"红色密码",简称"红密";还有一种代号"紫色密码",简称"紫密"。

"红密"采用罗马字母和日本音译的罗马字母,分为元音字母和辅音字母分别被加密成6×20的矩阵列。在罗马字母中,元音字母出现的频率相对更高,基本上就形成了一个6×6的维吉尼亚密码表,而辅音则形成一个20×20的维吉尼亚密码表,在输入明文时,后一个字母都会自动向下移动一个键位。

弗里德曼的陆军信号情报局听起来名头很响亮，但一开始相当寒酸，只有3名专职密码破译员，这点人力自然难以取得什么成效。直到1938年才又增加了4名比密码破译员级别更低的密码办事员，后来又陆续增加至20人，尽管只有这么点人，弗里德曼还是在1938年底成功破译了日本的"红密"，并在2年后的1940年成功仿制出"红密"密码机。

"红密"还有一种衍生密码，代号"橙色密码"，简称"橙密"。日本也在对密码不断进行改进和更新，日本的密码都用颜色来命名，彩虹的红橙黄绿青蓝紫都用到了，其中"紫密"是保密等级最高的。

相比"红密"，"紫密"的整个系统结构要复杂得多，而且还借鉴了德国恩尼格玛的技术原理。应该说，日本改进更新密码的想法是对的，但是密码的更新强调的是突变，在某个时间节点突然同时更新。但日本却是渐进式的逐步更新，有些单位已经更新使用"紫密"了，但还有单位仍在使用"红密"。这就给已经破译出"红密"的弗里德曼破译团队一个绝佳的

图 6-1 日本保密级别最高的紫色密码机。

抓手，可以通过破译"红密"来推算破译"紫密"。再加上日本的无线电通信还有一个很不好的习惯，就是会在每封电报开头列出编号，再列出几个关键词。这等于又给破译送上了一个"大礼包"。

弗里德曼很快就发现了"紫密"的一个基本原理，但是元音和辅音不再分别进行加密，而是在一个 6×20 的矩阵列中，6 个字母由后面的插板自动选择，再连接到加密机上。另外 20 个字母则连接到另一块插板上。虽然连接的方法每天都在变化，但却很容易被频率分析计算出来。

虽然第一块插板上的 6 个字母彼此之间都进行了加密，但是频率却和明文完全相同，完全可以通过 6×25 的表格中演算出来。第二块插板上的 20 个字母也是如此。虽然这种方法很复杂，而且计算量非常庞大，但美国人利用 IBM 制表机和打孔卡片大大提高了工作效率。

破译时先要找到 4 个被弗里德曼称为"唯一选择器"的切入点，这本来是非常困难的，但日本人这时又帮忙了——在原先可以选择的 390625 种可能中，日本人却只选择了 240 种，这无疑大大减少了美国人的计算量。而且在多达 26 的阶乘几乎是天文数字的连接器选择可能中，日本人只采用了 1000 种可能，这又极大减少了美国人的计算量。日本人的这种大意，让弗里德曼捡到了大便宜，简直就是天上掉下的馅饼，大大降低了破译的难度。

同时，美国也得到了英国的大力帮助。英国在 1934 年就破译了日本的"红密"，1935 年就仿制出了"红密"密码机。之后，英国又将仿制出来的一台"紫密"密码机送给美国，还邀请美国的密码破译人员以加拿大代表团的名义参观英国的密码破译单位布莱奇利庄园，让他们了解英国破译恩尼格玛的情况（只是不能拿走书面文件或进行书面记录）。另外，英国还将在香港、新加坡等地获得的"紫密"相关情报都交给了美国，这对于美国的破译自然是帮助极大。

1941 年 2 月，日本"日新丸"号邮船在旧金山被美国扣留，美国联邦调查人员以搜查违禁品的名义登船搜查，从船长室的保险柜里拿走了《商船密码本》——这其实是美国情报机关精心设计的行动，目的就是要获取日本的密码本，果然如愿以偿。尽管日本提出了强烈抗议，但密码表的泄露已经无法挽回。即便日本更新密码，但之前美国截获的那些密电都可以破译，而且能够从中发现日本密码编制的规律和特点，对于破译新密码也是大有裨益的。

1941年3月，弗里德曼的破译团队终于破译了日本的"紫密"。此时正是太平洋上风云激荡的关键时期，破译"紫密"，掌握日本外务省和驻美使馆之间的密电联系，对于美国来说实在是太重要了。

图6-2 美国陆军信号情报局的负责人弗里德曼。

日本在亚洲和太平洋的扩张，逐渐让美国意识到与日本的战争已经无法避免。

1939年3月，日军占领海南岛和南海诸岛，美国随即宣布《美日通商航海条约》于1940年1月期满之后，将不再续约。这已经是个非常明显的信号了。

1940年6月，日本发表了建立"大东亚共荣圈"的声明，将东起澳大利亚、新西兰，西到印度的广大地区都纳入了"大东亚共荣圈"，美国在亚洲的殖民地菲律宾和关岛也在其中，这自然引起了美国的严重不安。6月30日，罗斯福总统命令结束年度例行训练的太平洋舰队不返回美国西海岸的母港，而是留驻在珍珠港。这既是对日本在亚太地区不断扩张的威慑，也是准备一旦与日本开战的预先部署。7月，美国宣布对日本禁运航空燃料、润滑油和高熔点废金属。

1940年9月23日，日本占领法属印度支那（今越南）北部。3天后的9月26日，美国就宣布对日本禁运废钢铁。可不要小看废钢铁，当时日本的炼钢技术比较落后，美国的废钢铁是日本非常重要的炼钢原料。

1940年12月，美国宣布对日本禁运铁矿石、生铁、钢材等战略原料。

1941年7月23日，日本占领法属印度支那（今越南）南部。这一行动已经将日本"南进"战略的企图彻底明朗化，因为法属印度支那南部是进攻东南亚最理想的跳板，用当时日本海军司令部总长永野修身海军大将的话来说，"占领印支南部就是日美战争！"美国也清楚地意识到了这一点，时任美国陆军部部长的史汀生就回忆道，"从1941年8月开始，美国对日本的态度就完全改变了！"如果说之前美国高层对日本还有一些绥靖政策的话，那么从这个时间节点开始，美国就开始转入了准备与日本开战的立场。一周后的8月1日，美国宣布冻结日本在美国全部财产，并对日本实施石油禁运。这是对日本最致命的制裁，因为日本没有石油，所需的石油基本依赖进口，而且绝大部分进口石油都来自美国——1939年日本进口石油的90.8%来自美国。所以美国对日本禁运石油，等于掐断了日本战

图6-3 对于资源匮乏的日本来说，石油是最具有诱惑力的。位于荷属东印度（今天印度尼西亚）苏门答腊岛的巨港油田是日本发动太平洋战争的重要目标。

时经济的咽喉。

对于日本在侵略中国之后下一步继续在亚太地区的扩张方向，历来就有"北进"和"南进"的两种意见。其实，这根本不需要争论，日本一定也只能选择"南进"战略，因为对于资源匮乏的日本来说，发动战争就是为了要获得资源。所以日本绝不可能耗费宝贵的资源，去占领绵延2000千米宽广的西伯利亚荒原。只有拥有丰富资源的东南亚才是日本所想要的目标。所以早在1940年7月，日本就已经确定了"北守南攻"的大战略。1941年4月，日本和苏联签署《日苏中立条约》，日本可以不再有北线与苏联开战的顾虑，从而能够全力准备南进作战。等到美国对日本开始实施石油禁运后，日本国内要求与美国开战一决胜负的呼声就一浪高过一浪。能够解决石油禁运的途径只有两条，一是和美国谈判，做出一定让步后美国重新恢复向日本出口石油；二是出兵占领荷属东印度（今印度尼西亚）的油田，而这一行动的前提必然就是——和美国、英国开战！

所以，日本当时采取的是两条腿走路的策略，一面和美国展开谈判；一面进行战争准备。9月6日，日本御前会议决定，同美国的谈判最晚到10月底，如果到了这个期限，还不能通过谈判解决，就向英美开战。在这两条道路中，和很多主流观点不同，日本实际上更希望通过谈判来解决，因为毕竟要和拥有强大国力的美国开战，日本多少还是有些心虚，特别是作为和美国开战主力的海军反对战争的高级将领就不少，就连山本五十六也是很坚定的反战派，以至于陆军中的激进分子甚至扬言要暗杀他。

1941年2月，日本任命退役海军大将，与罗斯福总统有着深厚私人交情，著名的亲美派人士野村吉三郎出任驻美大使。从4月开始，野村吉三郎就作为日本政府的代表在华盛顿与美国开始秘密进行"日美谅解方案"的会谈。7月，日本首相近卫文麿致信罗斯福，表示日美两国之间没有不可以用谈判解决的问题，并保证日本不会侵害英美在东南亚的利益。

11月又派曾任驻美领事,还娶了美国人为妻,公认的亲美派人士来栖三郎为特使,和野村吉三郎一起与美国谈判。在谈判中,日本的态度远比美国要有诚意,甚至将和纳粹德国签署轴心国协议时附加的秘密协定——即便德国向美国宣战,日本也有权选择是否与美国开战——都向美国和盘托出。

图6-4 美日两国的谈判代表,从左到右:野村吉三郎、赫尔和来栖三郎。

11月5日,日本御前会议才做出了与英美开战的最终决策,日军大本营随即发布《海军一号令》,命令海军各部队必须于12月上旬之前完成一切作战准备。

不过,日本还是留了一手,将与美国的谈判最后期限推迟到12月1日,只要在这个期限前谈判还能取得成功,还是放弃战争。之所以选择12月1日作为最后期限,因为美国是从8月1日开始石油禁运,在这之前的7个月里,日本已经进口了222.5万桶石油,比1939年全年石油进口量还多了8万桶。即便如此,这些有限的石油储备也最多只能维持到1942年4月,所以如果到了12月1日谈判还不能成功,就没有多少石油储备能继续支撑战争消耗了。

参加偷袭珍珠港行动的部队从1941年8月就开始展开了紧张的战前训练，但策划偷袭珍珠港的日本海军联合舰队司令长官山本五十六海军大将，在11月初突击舰队出发前，就再三严令所有参战军官，如果接到谈判成功舰队返航的命令后，就必须要无条件服从。只有在谈判不成功的情况下，才能按计划对珍珠港展开进攻。

这一切都说明，日本更希望通过谈判来解决。

反而美国实际上在宣布对日本石油禁运的8月1日，就已经决定要和日本开战了。

得益于破译了"紫密"，美国对日本谈判代表野村吉三郎和来栖三郎与日本国内的所有无线电通信都了如指掌，特别是掌握了日本12月1日是决定与美国开战的最后期限，所以美国对这轮谈判完全是在为加紧战争准备而争取时间，而且在11月下旬以前，美国的态度完全就是虚与委蛇，迷惑甚至是欺骗日本，使得日本认为完全由可能通过谈判解除石油禁运。直到11月26日，美国国务卿科德尔·赫尔才把最后通牒交给野村吉三郎和来栖三郎：

1. 日本从1931年"九一八"事变以来侵占的中国和印度支那撤军；

2. 美日两国只承认重庆的国民政府，不得以任何方式支持其他政权；

3. 美、英、日、中、苏、荷、泰等国缔结一项多边互不侵犯条约，以重新确立《九国公约》精神，取代三国同盟条约。

这份史称《赫尔备忘录》的最后通牒所提出的条件是日本绝对不可能接受的，战争到此时已经是箭在弦上不可避免了。美国之所以抛出《赫尔备忘录》，就是要让日本先开第一枪，从而让日本背负发动战争的责任，同时也可以消除国内"孤立主义"的反对和阻挠。

可以说，美国在这轮谈判中完全掌握了日本的底牌，始终掌控着谈判的节奏，完全达到了自己的预期目的。

11月下旬，美国截获并破译了日本驻柏林大使馆发给外务省的密电：

"德国外交部长保证，如果日本对美开战，德国也将立即参战。"日本外务省的回电也同样被破译出来："以绝密方式告之德国，现在是一个极其危险的时刻，盎格鲁撒克逊国家和日本之间可能会突然爆发战争，而且战争爆发的时间可能会比任何人预料的要早。"

这两封来往密电，很清楚地表明，日本已经决定同英美开战了！

12月1日，美国截获破译了日本外务省发给驻华盛顿大使馆的密电，内容是告诉他们如何销毁密码机：首先拆卸密码机，然后将所有零部件全

图6-5 时任美国国务卿赫尔，他提出的《赫尔备忘录》是日本无法接受的最后通牒。

部砸扁再浸入酸性溶液中。同一天，日本海军突然改变了所有舰艇的无线电呼号。这种情况以往是半年更改一次，但这次距离上次变更呼号才只有一个月。很显然，肯定会有重大事情发生。

12月2日，美国截获破译了日本外务省发给驻扎檀香山领事馆的密电："销毁所有密码本和机密文件。"

12月3日，美国截获破译了日本外务省发给驻华盛顿大使馆的密电："除保留一台"紫密"密码机外，销毁其余所有密码机和密码本、机密文件。"

看到这些破译情报，罗斯福总统就说："照这样看，战争已经无法避免。现在的问题是战争会从什么时候什么地方开始？"由于美国此时只能破译日本的外交密码，只能掌握日本最后确定是选择了战争，但对于何时何地开始战争这样军事性质的问题，连日本外务省都不知道。

图6-6 时任美国总统的罗斯福,他领导美国加入了同盟国阵营与轴心国作战。

12月6日下午1时,对美国开战的通牒送到了日本外务省的电讯室,这份总共有5万字的冗长文件被分成14个部分陆续发送给驻华盛顿大使馆。由于美国已经完全破译了"紫密",所以几乎和日本大使馆同时译出了内容。当罗斯福看到前13部分的电文,只说了一句话:"这就是战争!"当时有人建议罗斯福下令美军先发制人抢先进攻日军。但罗斯福摇了摇头拒绝了:"我不能这么做,因为我们是爱好和平的民主国家。"

12月7日凌晨4时,弗里德曼破译出了开战通牒的第14部分。而此时日本大使馆的译电员还在睡梦中,根本没有进行译电。上午9时,美国又破译出了最新的一封密电,要求日本大使馆在当天下午1时之前将开战通牒递交给美国国务卿赫尔。

很显然,这就是开战的时间!根据这封密电,美军立即向太平洋地区的所有部队发出了进入最高戒备状态的紧急命令。但是,对于日军要进攻哪里,却还是一无所知。美军判断日军最有可能首先会进攻泰国、新加坡或菲律宾,根本没有想到珍珠港。因为在当时情况下,日本要跨越8000千米的漫长征程袭击珍珠港,简直是不可想象的。更悲剧的是,珍珠港美军没能及时收到进入最高戒备的命令!

而此时,日本大使馆里已经乱成了一锅粥,译电、校对、打印,都需要时间,而大使馆里美国籍员工都已经遣散,没有专业打字员,文件的打字速度非常慢。最后当这份开战通牒送到赫尔手里的时候,已经是13时40分了,珍珠港已经在40分钟前打响了!

赫尔也已经收到了珍珠港遭到袭击的报告,他强按下心头的怒火,翻阅了这份文件,然后对日本大使说:"这是我担任公务员50年以来,见到过的最卑劣最无耻的文件!这世界上还有这样无耻的政府,编出这样充满谎言和颠倒黑白的文件!"

日本海军的突击舰队于1941年12月7日8时(夏威夷时间)对美国海军太平洋舰队驻地的珍珠港进行了突然袭击,给美军造成了巨大损失:4艘战列舰、1艘靶船和1艘布雷舰被炸沉,4艘战列舰、3艘巡洋舰、3艘驱逐舰和4艘其他船只被炸伤,282架飞机被击毁,2334人阵亡,1337人受伤。日军的损失极其轻微,损失29架飞机和5艘袖珍潜艇,阵亡64人(其中55名空勤人员和9名潜艇艇员),1名潜艇艇员被俘。

12月8日,罗斯福在美国国会发表了宣战演讲。由于日本袭击珍珠港的时间比递交开战通牒的时间要早,所以成了无耻的不宣而战,激起了美国上下一致愤慨,原先的孤立主义思想在瞬间烟消云散。美国国会参众两院通过对日宣战。就这样,美国终于加入同盟国阵营对德意日轴心国作战。

图6-7 1941年12月7日,日本偷袭珍珠港,彻底消除了美国的孤立主义,太平洋战争就此拉开大幕。

所以，美国只是破译了日本的外交密码，只是掌握了日本向美国宣战的具体时间，至于日本首先进攻哪里，完全一无所知。至于现在有些文章说某某破译了日本的密码，掌握了日本将要偷袭珍珠港的情报，并通报了美国，但美国没有相信，这才遭到了珍珠港惨痛损失的后果。可以说，不管是谁，这么说都是不符合历史真实的。说得更直白一点，这种说法纯粹就是信口开河瞎胡扯。因为日本海军从开始制订偷袭珍珠港作战计划，一直到航母舰队出航，从来就没有用无线电发送过任何与偷袭珍珠港有关的电报，所有相关文件都由专人递送。而在舰队出航后，在8000千米的航程中，采取了严格的无线电静默，只收不发。联合舰队司令部在整个航程中也只给航母舰队发了一封密电："攀登新高峰1208"，这句严格来说不是密码，而是暗语，意思是12月8日发起突击。就凭区区这一句"攀登新高峰1208"，就能破译出日军偷袭珍珠港？显然做不到啊！

还有一种阴谋论的说法，美国早已知道日本要偷袭珍珠港，故意不做任何准备，是为了参战而搞出的"苦肉计"。这个说法最大的论据，就是偷袭珍珠港的当天，美国太平洋舰队的3艘航母都不在珍珠港，是美国故意安排以避免遭到日军的袭击。我们来看看当时美军航母的具体情况，当时美国海军共有5艘现役航母，分别是"列克星顿"号（CV-2）、"萨拉托加"号（CV-3）、"约克城"号（CV-5）、"企业"号（CV-6）和"大黄蜂"号（CV-7）。其中，"约克城"号和"大黄蜂"号属于大西洋舰队，自然不会在珍珠港。属于太平洋舰队的3艘航母，"萨拉托加"号正在本土船厂进行大修。"列克星顿"号3天前也就是12月5日刚刚出海，去给中途岛运送飞机，"企业"号则是在11月28日出海为威克岛运送飞机，按计划应该在12月6日（星期六）也就是日军偷袭的前一天返回珍珠港，让航母编队的官兵能够享受一下周日休假的福利。只是因为在海上遭遇了风暴，所以返回珍珠港的行程才被延误了，在偷袭结束后的12月7日中午才刚刚回到珍珠港。

"萨拉托加"号回到本土大修是早就计划好的,不可能是为了避免日军袭击才临时安排的。"列克星顿"号和"企业"号给中途岛和威克岛运送飞机也不是临时安排的,是美军为了应对太平洋上越来越浓郁的战争阴云而进行加强战备的措施,而且"企业"号本来计划12月6日回珍珠港度周末的,至少"企业"号不在港内完全不是刻意安排,而是意外。所以3艘航母都不在港,就是巧合。

图6-8 美国海军在太平洋战争中的功勋航母"企业"号,在中途岛海战中一举击沉了日军三艘航母。

而且这个论据完全就是错误的,因为当时公认的海军头号主力战舰,根本就不是航母,而是战列舰。航母在海军中被看作是二线舰艇,甚至是被当作辅助舰艇,主要任务就是出动舰载机进行侦察和舰炮校射以及运送飞机这些杂活,完全是跑龙套的角色。"列克星顿"号和"企业"号出海的任务就是给中途岛和威克岛运飞机的,这就是航母最常规的使命,完全是作为运输船,而不是战斗舰来使用的。

如果美国事先知道日本偷袭,按照当时的情况,就应该是把战列舰派出港,而将航母留在港内。但事实却是美国海军太平洋舰队的8艘战列舰全部在港!这反过来充分说明美国事先并不知道日本的偷袭计划。

战争开始，美国密码破译的重点就是军事密码，主要就是日本海军的密码。美军将当时日本海军使用的密码起了 JN–25 的代号，表示这是日本海军（Japan Navy，字母缩写 JN）使用的第 25 种密码，1939 年 6 月开始启用的，到 1940 年 12 月又启用了第二代 JN–25B 密码。这就是美军破译的对象，承担破译重任的主要是美国海军的密码破译部门海军通信处。而美国海军通信处里就有一位可以和雅德利齐名的破译高手——约瑟夫·罗彻福特。他 1905 年出生于纽约州，父亲是中学的数学教师，从小就培养他对数学的热爱，所以罗彻福特对数学一直有着浓厚的兴趣，而且在数学上也确实颇有天赋。1923 年从新泽西州斯蒂文斯理工学院毕业后就进入海军服役，获得海军少尉军衔。罗彻福特在"亚利桑那"号战列舰上服役期间，闲暇时最大的乐趣就是玩拼字游戏。正巧，"亚利桑那"号战列舰舰长切斯特·泽西上校也非常喜欢拼字游戏，两人闲下来就常在一起玩。泽西很快就发现，自己完全不是罗彻福特的对手，他具有超人的想象力和匪夷所思的联想力。1925 年泽西舰长调到华盛顿海军部工作，刚一上任就听说海军部需要一个精通数学、联想力超凡、想象丰富的家伙，来钻研一门全新的学问——密码破译。于是，泽西就立刻推荐了罗彻福特。就这样，罗彻福特便成了美国海军部通信处第一个专职的密码研究人员。罗彻福特接触到密码破译之后，意识到数学在密码破译中的重

图 6-9 美国海军密码破译部门海军通信处的破译高手约瑟夫·罗彻福特，他在中途岛海战破译日军密码的工作中立下了汗马功劳。

要作用，主动进入加利福尼亚大学数学系深造，并于1928年毕业。在他的毕业意愿上，他表示自己的理想就是当一个与数字打交道的密码破译员。罗彻福特对密码破译非常有兴趣，甚至在生活中也是如此，他可以轻松打开上司办公室里的保险柜。他的同事们都认为他有特异功能，给他起了"魔术师"的绰号。

美国海军意识到迅速强势崛起的日本早晚会成为对手，所以有计划地安排年轻军官到日本学习语言，同时也近距离地了解日本。罗彻福特也被选中，在1929—1933年被公派到日本留学。1936年，已经在密码破译上小有名气的罗彻福特被派往美国驻日本大使馆当翻译，为他研究破译日本密码创造更便利的条件。

1941年随着日美关系日趋紧张，罗彻福特被召回美国，调到珍珠港太平洋舰队司令部工作，担任舰队情报处夏威夷站站长。这时他已经是经验丰富的密码破译专家，而且精通日语、熟悉日本文化。这些特长使他成为破译日军密码最理想的人选。罗彻福特上任后就挑选了一批当时在美国海军中最优秀的密码人才和语言人才，其中就有后来以善出奇招而著称的贾斯柏·赫尔姆斯。

珍珠港事变后，罗彻福特向新任太平洋舰队总司令尼米兹上将保证，太平洋舰队永远不会缺少情报！他和他手下数十名电台监听员、密码破译员、翻译和情报分析员，在警卫森严的珍珠港海军第14军区司令部大楼的地下室里夜以继日地工作，他们的工作环境几乎与世隔绝，更谈不上享受夏威夷的海滩和阳光。每周工作时间高达八九十个小时，日本海军90%的无线电通信都被他们截获，然后展开破译。作为破译小组与尼米兹的联络人，霍姆斯海军少校这样评价他们："你绝对无法相信，有人能在如此繁重的脑力劳动，如此巨大的工作压力下，坚持工作如此持久的时间！"

应该说，美国人的运气还是很好。就在珍珠港事变的当天，美军从1架被击落的日军飞机上发现了日本海军航空队和军舰的无线电呼号表和战术密码。

1942年1月，日军伊-124号潜艇在澳大利亚达尔文港附近海域执行布雷任务，遇到台风恶劣天气，又发生机械故障，稀里糊涂进入一片浅水海区，被美军驱逐舰"埃泰尔"号和3艘澳大利亚驱潜快艇发现并击沉。随后美军派潜水员进入潜艇残骸，找到了海军密码本和商船密码本。而日本海军只知道伊-124号突然失踪，并不知道密码本已经被美军缴获，所以根本就没有采取任何补救措施。

这些密码本的副本很快就送到了罗彻福特手里，对于他们的破译工作无疑是巨大的帮助。

1942年4月18日，美军杜立特中校率领16架B-25轰炸机从航母上起飞空袭了日本本土，虽然轰炸造成的直接损失很小，但给予日本的震动非常巨大。不但直接导致日本海军确定了下一步作战方向就是进攻中途岛，并彻底消除美军对本土的威胁；而且还使得日本海军做出了过度的反应，联合舰队几乎出动了所有军舰前去追击美军的航母舰队。这场倾巢而出的追击行动，日军司令部和舰艇，以及舰艇和舰艇之间进行了大量的无

图6-10 1942年4月18日，杜立特率领16架B-25轰炸机从航母上起飞空袭日本本土。

线电通信,而这些无线电通信都被美军从阿拉斯加到澳大利亚的监听站所截获,然后归纳整理后送到华盛顿的海军通信处和夏威夷的罗彻福特破译团队手里。

此时罗彻福特手下的破译人员已经从开战时的 30 人猛增至 200 人,配备了当时最先进的 IBM 制表机,又有大量的日军无线电通信素材。此外,驻新加坡的英军远东情报处的密码破译部门也和美军通力协作,对日军密码的任何进展都相互通报,可以说各方面的有利条件都已经具备了。

4月中旬,设在澳大利亚图雷吉多尔的无线电监听站截获了日军运输船和"祥凤"号航母的来往电报,并确定日军有一支舰队正在进入珊瑚海。几乎同时,华盛顿的海军通信处破译了日本海军联合舰队司令部发给第四舰队司令井上成美的密电,掌握了日军即将进攻莫尔兹比港的作战计划,甚至连日军参战部队的序列、运输船从拉包尔启航的时间都一清二楚。根据这一情报,尼米兹立即部署美军舰队前往珊瑚海拦截,成功击退了日军舰队的进攻,取得了珊瑚海海战的胜利。这也是开战以来美军首次遏制了日军的进攻,虽然双方损失大致相当,但却是给了日军迎头痛击!

到 1942 年 5 月,美军截获了日军大量无线电通信,明显意识到日军正在准备发起一场大规模的作战行动。和偷袭珍珠港不同,此时日军已经被几个月以来的胜利冲昏了头脑,完全不像偷袭珍珠港时那样谨小慎微,进行严格的保密,甚至连横须贺军港码头旁边居酒屋的老板娘都知道联合舰队即将出航去进攻一个叫中途岛的小岛。

而且,日本海军原来计划是在 1942 年 5 月统一启用第三代 JN–25C 密码,但是一方面由于日军进展太快,部队散布在广袤的太平洋上,全面更换新密码确实存在困难;另一方面日本"胜利病"上头,也觉得晚个把月更换密码没什么大不了,所以最后将更换密码的时间推迟一个月。

而恰恰是这一个月,进攻中途岛的作战计划下发给各参战部队,老版的 JN–25B 密码基本上已经被美军破译,因此到了 5 月 16 日,日军中途

图 6-11 日本海军的 JN25 密码机,被日军认为是坚不可摧的密码,但最终还是被美军成功破译。

岛作战计划就已经被美军基本掌握了。只是日军在所有计划中都没有明确进攻的目标是中途岛,都是用 AF 来表示。

AF 到底是哪里?

记忆力超人的罗彻福特想到之前 3 月份截获的一份电报里提到过 AF,他立即从浩如烟海的电报堆里找出了这份电报,是日军报告一架水上飞机在中途岛附近的一处无名环礁迫降,所以罗彻福特推断 AF 应该是中途岛。

太平洋舰队的情报参谋埃德温·莱顿中校则根据太平洋上战局的综合判断,也断定 AF 是中途岛。但是确定 AF 的确切地点,事关重大,不能靠推测,一定要有确定无疑的实锤证据。罗彻福特想来想去,想出了一个妙计,他让中途岛的守备部队用明码报告淡水设备发生故障,岛上供水困难。随后夏威夷的海军第 14 军区司令布克洛克海军少将也煞有介事回电,将派一艘淡水船前来紧急供水。

5 月 22 日,美军截获并破译了日军联合舰队向所有参战部队下达的命令:"AF 缺水,所有参战部队带足淡水。"——一切真相大白。

5 月 24 日,罗彻福特向莱顿和尼米兹递交了根据破译日军密码得出的情报:日军将在 6 月 4 日进攻中途岛。

5 月 27 日,日军全面更换密码,启用了 JN-25C 密码,并实行无线电静默。但这一措施为时已晚,尼米兹根据罗彻福特提供的情报,立即开始调集所有能够调集的部队向中途岛集结,并派航母舰队在中途岛西南海域设下伏击,静待日军舰队前来。

尽管日军在整个中途岛战役中投入了8艘航母、11艘战列舰、13艘重巡洋舰、10艘轻巡洋舰、21艘潜艇,以及396架舰载机,但真正进攻中途岛的突击舰队却只有4艘航母、2艘战列舰、2艘重巡洋舰、1艘轻巡洋舰、12艘驱逐舰以及262架舰载机。美军则集中了3艘航母、9艘重巡洋舰、4艘轻巡洋舰、28艘驱逐舰、28艘潜艇,以及233架舰载机,再加上中途岛的115架岸基飞机,这样美军的作战飞机总共348架,超过了日军262架飞机。空中力量的优势,还有密码破译的准确情报——罗彻福特和莱顿推断的日军舰队位置和最后实际发现的位置仅仅相差了50千米!因此,美军获胜也就一点不奇怪了。

中途岛海战,最终美军以损失航母1艘、驱逐舰1艘、飞机147架,阵亡307人的代价,取得了击沉日军航母4艘、重巡洋舰1艘,击落日军飞机322架的辉煌战绩。

图6-12 1942年6月的中途岛海战,由于美军破译了日军密码,从而掌握了日军的作战计划,赢得了单向透明的情报优势,成为取得这场战役胜利的重要原因。

中途岛海战被誉为太平洋战争的转折点,美军就此扭转了战争初期的被动局面,而密码破译为这次战役的胜利所起到的作用可谓举足轻重。

不过,中途战役中的大功臣罗彻福特后来的境遇却令人唏嘘。他的成就因为华盛顿海军通信处高层争权夺利而遭到打压,沽名钓誉之徒更是将中途岛战役破译密码的主要功劳说成是华盛顿海军通信处,甚至不惜买通他的手下做伪证。结果，尼米兹提出的授奖名单交到了华盛顿以后，名单上罗彻福特的名字就被抹掉了。1942年10月，罗彻福特以"需要专家意见"为名被调到华盛顿，实际上解除了他的夏威夷情报站站长职务。尼米兹听说后勃然大怒，因为他最清楚，关键时刻是罗彻福特的情报帮助他做出了正确决定。但他的抗议也无济于事，最后，罗彻福特被派到旧金山去管理一个干船坞，再也没能回到密码破译部门。

战争期间，密码破译是最高机密，罗彻福特也无从进行申辩。战争结束，他的功绩依然默默无闻。1976年，罗彻福特带着遗憾离开了人世。

还好，历史最终还是给罗彻福特正名，他的贡献在几十年后得到了美国政府的最终确认。

1985年，罗彻福特被追授"海军优异服役十字勋章"，此时距离他去世已经9年了。

1986年，里根总统向罗彻福特追授了"总统自由勋章"，这是和平时期给军人的最高荣誉。5月30日，里根总统批准，美国国会决定补授罗彻福特美国的最高荣誉"国会荣誉勋章"。而他在战争中的传奇经历也逐渐广为人知。

美国在太平洋战争中密码战的成就除了1943年6月的中途岛战役，还有1943年4月破译了日本海军联合舰队司令长官山本五十六海军大将的行程密电，从而阻止截击行动，成功地将他一举斩首。

1943年4月14日，美军太平洋舰队无线电情报分队凌晨截获了一封日军密电，无线电情报分队是在原来由罗彻斯特海军中校指挥的夏威夷海军情报站的基础上扩建的，现在已经拥有1000多名工作人员，由威廉·戈金斯海军上校负责，此时分队的密码专家已经逐步掌握了日军各作战单位的战时无线电呼号，摸索出了日军密码变化规律，并成功破译出了日军的部分密码，其中有日本海军运输调度所使用的密码，从中洞悉日军运输船队的航线及中途停泊港，这些准确的情报为美军潜艇部队的破交作战提供了最大的便利。

现在这封绝密电报是日本海军联合舰队司令长官山本五十六4月18日视察巴拉尔、肖特兰和布因的具体日程安排。

山本这次视察是为了激励巴拉尔、肖特兰和布因等前线基地的士气，不过山本的这一决定遭到了很多人的反对，日本陆军第八方面军司令今村均陆军大将就以2月间自己前往布因视察途中座机遭遇美军战斗机的经历力劝山本取消此行，驻肖特兰岛的第八航空战队司令城岛高次海军少将甚至专程来拉包尔劝阻山本，但山本不为所动，执意要去。因此他的副官渡边海军中佐草拟了视察日程安排后要求第八方面军派专人送交，但通信军官表示该密码4月1日刚刚启用，又是极难破译的5位乱码，这种密码用大约4.5万组5位数代表4.5万个单词或词组，再用一本10万组5位数的添码本，在发报时随意加上几组添码作为密钥，其中一组告之收报方所用添码本的页数和行数。日军认为这种密码是不可能被破译的，因此通常只

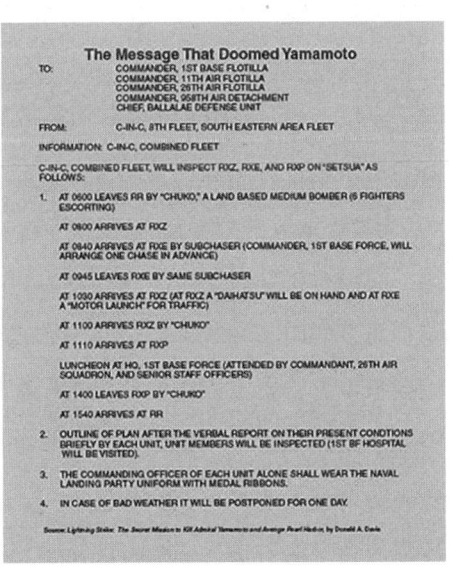

图6-13 记录山本五十六视察前线行程的电报，成了将山本送上不归路的催命符。

更换添码而不改变基本密码。美国人根本不可能破译,绝对安全,因此最后还是用无线电发出了。

而美军凭借托玛斯·戴尔少校发明的译码机,能够大大加快破译速度,并基本掌握了这套密码的变化规律。经过一夜的奋战,终于在次日天亮时分破译成功,这一电报无形之中也就成为山本的催命符!美军破译工作如此出色主要归功于新西兰海军"基威"号轻巡洋舰1943年1月29日在瓜岛附近海域撞沉了一艘日军潜艇,并从这艘潜艇上得到了日本海军最新版的密码本,这本密码本对于此次破译绝密电文,帮助极大。这也是美国军事情报领域在无线电破译方面继中途岛战役破译日军作战计划之后的又一辉煌成就!

看到这封电报,太平洋舰队情报参谋莱顿中校认为山本的行程路线将进入瓜岛机场起飞的美军战斗机作战半径,正是干掉他的绝佳机会。由于山本在偷袭珍珠港作战的出色战略指挥,被日本海军誉为"军神",深受官兵崇拜,在日本政界和军界成为仅次于天皇和东条英机首相的第三号人物,也被美军视为珍珠港的罪魁祸首,一心要将其置于死地而后快!

尽管山本对于日本是如此重要,但干掉山本不仅仅是军事行动,还牵涉到诸多的政治因素,因此一向谨慎的尼米兹仍不敢轻易拍板,而是请示华盛顿。当尼米兹的请示电报由威廉·莫特海军少将送交给罗斯福总统时,罗斯福正与海军部长诺克斯和海军作战部长金海军上将一起共进午餐,罗斯福听了汇报,并没有立即表态,因为在西方世界有一条不成文的惯例,战争中不得暗杀对方的国王和统帅,似乎颇有几分骑士风度。但事实上在第二次世界大战中,无论德国,还是英国都组织过对敌方首脑和统帅的暗杀,倒是美国人还始终坚持这一惯例,所以罗斯福有些犹豫,金上将立即指出,山本要去的地方是前线,在作战区域内,一名海军大将和一名普通的士兵一样,都是合法的射击目标!何况山本还是毫无信用的发动偷袭珍珠港的元凶,早已失去了国际法的保护,即便他活到战争结束,也还要接受军事审判！海军部长诺克斯在征求了随军主教关于截杀敌方统帅是否道德之后也表示同意。

罗斯福这才下了决心，干掉山本！并为此次行动取了最恰当的名字——"复仇行动"！要报珍珠港的一箭之仇！

尼米兹接到总统指示，立即开始制订行动计划，为了作战能有绝对把握，他首先询问了战斗机专家，咨询有关作战飞机性能，选定P-38"闪电"战斗机为参战机型，瓜岛的亨德森机场就驻有装备P-38的第339战斗机中队！正好可以派上用场。

由于日军在卡希利机场驻有100余架飞机，担负截击任务的飞机数量不能太多，否则就有被发现的可能。因此美军只挑选了18人，6人为攻击组，从低空不惜一切代价击落山本；另外12人作为掩护组，在高空牵制日军的护航战斗机，掩护攻击组截击山本。如果攻击组遇到麻烦，无法投入攻击，掩护组的霍姆斯和海因两人立即接替攻击任务。

4月18日7时30分，18架P-38依次起飞，但有2架在途中因故障返航，16架飞机机群保持着严格的无线电沉默，只使用罗盘和空速表导航，为了不被日军雷达发现，一直保持着10米左右的超低空飞行。

9时34分，美军P-38机群经过2个多小时飞行后，到达布干维尔岛莫依拉角，机群盘旋上升，拉开间距开始搜索。

9时44分，距离计划时间只有1分钟了，突然一名飞行员打破无线电沉默，兴奋地呼叫："发现目标！发现目标！左前方10点钟方向！"日军2架一式攻击机改装的运输机在6架零式战斗机掩护下准时来赴这个死亡之约。

美军P-38立即按照计划展开攻击，尽管日军零式战斗拼命拦阻，2架一式攻击机还是都被击落了。一号机上包括山本在内所有人员全部毙命。二号机除了联合舰队参谋长宇垣缠海军中将等3人获救，其余机上人员也全部毙命。另外还有3架零式飞机被击落，美军损失1架P-38。

当天，美军太平洋舰队作战纪要中写道：日军联合舰队总司令，可能于今天在布因地区上空被 P-38 战斗机击毙。由于日本对山本的死讯一直保密，所以美军一直无法确定山本是否已被击毙。

宣称击毙山本的功臣攻击组长机兰菲尔中尉提前晋升为上尉，并获得最高荣誉国会勋章，但为了不暴露破译密码的机密，兰菲尔被立即送回国，直到战争结束才公开了他的战功。不过，后来又证实击落山本座机的兰菲尔的僚机巴伯。其他参战人员都被警告如果将战斗详情泄露出去，将受到军法审判。美军还煞费苦心地制造伏击山本纯属巧合的假象，所罗门航行队接连几天出动飞机在布干维尔岛附近巡航，机群在航行时还特意穿越日军雷达监视区域。

山本座机被击落后，日军布干维尔岛驻军立即出动救援队搜寻。2 天后，陆军少尉滨砂盈荣指挥的救援小队才发现了山本的尸体，现场只见飞机机身被无数子弹洞穿，千创百孔，四周散布着飞机部件和 11 具尸体，其中 1 具坐在飞机坐垫上，手握军刀，姿态还相当威严，胸口佩戴着勋章的绶带，肩章上是 3 颗金质樱花的大将军衔，不用查看其口袋中的笔记本，单从左手缺了两个手指，就明白无误的证明这正是山本五十六！随后赶来的医护人员检查了山本的尸体，确定有 2 颗子弹击中山本，1 颗从颧骨打进从太阳穴穿出，另 1 颗从后面射入穿透左胸。山本在飞机坠毁前就已身亡，之所以还保持着威严的姿态，那是飞机坠地后唯一的幸存者高田军医摆放的，高田最终也因伤势严重又无人救护而亡。如今，山本座机残骸已经成为布干维尔岛的一处著名旅游胜地。

日军将山本之死列为"海军甲事件"，并开始进行调查，日军也曾怀疑过密码被破译，就故意拍发草鹿任一海军中将前往前线视察的电文，作为试探，但美军识破了日军的伎俩，在电文提及的时间和航线上，没有出现一架美机。因此日军认为密码绝对可靠，山本之死纯属偶然。就这样，日本海军损失了一个的战略家和联合舰队统帅，却依然没有发现密码被破译！

说到山本五十六去前线视察行程的电报被破译，还有说是中国的池步洲破译的。池步洲何许人也？他只不过曾在军事委员会技术研究室工作过，根本不是什么能接触到核心机密的高级专家，只是负责日语翻译的普通工作人员。而这个专门负责破译日军密码的技术研究室在历史上也没有破译日本海军高级密码的纪录。

第二次世界大战时破译密码在技术上主要依托数学领域的成就，大战中所有著名的密码破译专家，从波兰的雷耶夫斯基到英国的图灵、美国的弗里德曼和罗彻福特都在数学领域中有着很深的造诣。在任何一个国家密码破译团队中，也许会有各方面的人才，有些甚至另类到有国际象棋高手、纵横填字格高手，但无一例外团队最重要的核心人物一定是数学高手！而池步洲学的是电气工程和经济学，缺乏破译密码所必备的高等数学理论的相关知识。何况，在池步洲的神话里，他不但会破译，还会分析。要知道实际上密码破译和情报分析完全是两门风马牛不相及的科学，是两个技术走向截然不同的专业。一个人能够成为其中一个专业的高手就已经很不容易了，能够成为身兼两职的行家，那根本就是不可能的。再者说，要是池步洲真有这么大的本事，还取得了这么大的功绩，怎么可能没有任何的嘉奖记录？

再说这封电报是联合舰队4

图6-14 日本海军在太平洋战争中最著名的将领山本五十六海军大将。

月13日才发出的，就算池步洲第一时间就破译出来，然后报告上级，再由技术研究室报告给军事委员会，经过高层审核通报给美国，当然肯定是由外交渠道传递给美军统帅机关，美军决定采取截杀行动，再下达作战命令到具体执行任务的第347战斗机大队——根据第347战斗机大队的作战记录，他们是4月17日接到命令的。也就是说要在4天时间里完成这么一大圈流程，以当时的通信条件，基本是没有可能的。而且如果确实是这么一个情况，那么各个环节都会有相关记载，即便战时需要保密，在战后也一定会有留档的记录，但至今为止从来没有发现过任何一份相关史料能够佐证。所以，池步洲破译山本行程电报，就是一个段子。

资料6-1：电影《风语战士》

狭义的密码是特指无线电密码，广义的范围就大了，文字、数字、图画、徽章、标识、手势、视频，甚至声音和动作都可以作为密码。美国同日本在太平洋上的密码战中，就有过一种传奇的密码。2002年，著名华人导演吴宇森执导，美国著名硬派小生尼古拉斯·凯奇主演的好莱坞大片《风语战士》就用电影艺术再现了这段传奇故事。

当时美军在连营级单位普遍装备了报话机，虽然报话机有着使用简便、传递速度迅捷等优点，其灵活性与实时性在瞬息万变的战场更是有着无可比拟的优势，但是同时也存在安全性差的致命缺陷。如果敌方将报话机调到同一频率上，就能轻而易举地进行监听、干扰甚至冒名顶替进行通信。在太平洋战争中，日军就曾利用报话机进行了一次成功的冒名顶替：1943年2月，日军驻瓜岛部队撤退时，当美军基地不断呼叫在所罗门

图6-15 2002年，著名华人导演吴宇森执导，美国著名硬派小生尼古拉斯·凯奇主演的好莱坞大片《风语战士》。

群岛以北活动的一号巡逻机时，日军设在拉巴维尔岛的无线电特别小队乘一号机没有及时答复，就立即以同样频率，冒充一号机与基地沟通了联络，并乘机发出了一份早已准备好的假情报："发现日军舰队，航母2艘，战列舰2艘，驱逐舰10艘，方向东南。"美军以为日军正大举来袭，紧急调动机动部队和航空兵前去拦截这支子虚乌有的影子部队。而日军则趁着美军通信频繁，部队调动混乱之际，顺利撤回肖特兰岛。

在战争中，日军通过在报话机上监听而获取美军行动情报的情况更是数不胜数，给美军造成了很大的麻烦。如果对报话机通信进行加密，由于报话机使用范围极广，不仅烦琐复杂，而且在使用时密语转换费时费力，很可能会错过稍纵即逝的战机。如何克服使用简便与安全保密这一对矛盾，着实令美军通信部门头疼不已。

菲利普·约翰斯顿注意到了这个问题。他1899年出生，是印第安纳瓦霍保留居住区传教士的儿子，在纳瓦霍保留居住区长大成人，会一口流利的纳瓦霍语。他曾经为纳瓦霍人向西奥多·罗斯福总统请愿时担任翻译。1909年进入北亚利桑那师范学院学习，毕业后他回到纳瓦霍保留地当老师。当他接触到美国军队正在进行土著语言测试的消息后，灵光一现想出一个绝妙主意——在报话机上用纳瓦霍语进行通信。其实他的这一想法还算不上是首创者，早在第一次世界大战期间，在美军和加拿大军中服役的印第安士兵就曾经使用他们本民族的语言来传递信息。但由于缺少像"大炮""机枪""手榴弹"一类的军事术语词汇，加上缺乏系统的整理，实际应用受到很大限制，因此战争结束之后，就被湮没在历史烟云之中。对纳瓦霍人有很深了解的约翰斯顿知道，许多纳瓦霍人已经接受了初步的正规教育，准备适应不同于他们祖先传统的生活。1942年之前，纳瓦霍儿童基本上都已经在保护地内由政府开办的学校里接受了英语教育，还有不少纳瓦霍人到保护地外接受艺术、雕刻、贸易等方面的职业教育训练。约翰斯顿坚信，受过一定教育的适龄纳瓦霍青年在入伍后经过训练，完全可以用他们本民族的语言传递信息。

1942年初，踌躇满志的约翰斯顿来到位于圣迭戈市北部的美国海军陆战队艾利奥特军营，提出了以纳瓦霍语为基础开发一种简便而又安全的口头密语。但海军陆战队对他的建议充满怀疑。约翰斯顿立即回到纳瓦霍保留居住区，招募了一些纳瓦霍族人，再带着他们回到圣迭戈。

1942年2月28日约翰斯顿当着通信军官进行一次别开生面的实验，实验内容首先从英语被译成纳瓦霍语，传递给下一人，再被重新译成英语，结果大获成功。一切是那么迅速，又是那么安全，对于不懂纳瓦霍语的人来说，他们所说的简直就是鸟语！而全世界范围里，除了纳瓦霍族印第安人外，懂得这种语言的不超过30人，而且没有一个是日本人。这次实验给美国海军太平洋舰队两栖作战部队司令克雷顿·沃格少将留下了极其深刻的印象，一周以后也就是3月6日，沃格致函美国海军陆战队总司令，建议为太平洋舰队两栖作战部队招募200名纳瓦霍族印第安人。

图6-16 正在接受训练的纳瓦霍战士，他们就是神奇的"风语战士"。

纳瓦霍语基本上是口语，书面语言只有极少数人类学家和语言学家才看得懂，连很多纳瓦霍人都不会。这正是报话机密语所需要的，既不需要厚厚的密码本，也不需要复杂的密码结构公式，要的只是舌头和嘴巴。

美国海军陆战队最终还是接受了约翰斯顿的建议——1942年5月，第一批29名纳瓦霍人被征召入伍，编入海军陆战队第382特别通信排，并在严密保卫下被安排在加利福尼亚一处偏僻海滨小院，编制基于纳瓦霍语的密码，或者更确切说是密语。

日军通常派曾经在美国留学的人（联合舰队司令长官山本

五十六就是毕业于哈佛大学的留学生）来窃听美军的报话机通信。但是源自亚大巴斯卡语系，据说是通过陆峡从亚洲传入美洲的纳瓦霍语，与英语完全不同，那是一种音调语言。它的元音高低起伏，以语调的强弱不同来表达语言内涵。一个单一的纳瓦霍语动词，就包括主语、谓语和副词，可以翻译成一个完整的英语句子。会纳瓦霍语的人曾说过，纳瓦霍语的词汇十分生动，一个词语就可以让你的脑海里浮现出整幅画面。

但是在纳瓦霍语中没有飞机、坦克和大炮这些词汇，于是密语编写者根据纳瓦霍语词汇创建了一个包含500个常用军事术语的词汇表，他们的灵感来自自然界。用鸟来命名各种飞机：俯冲轰炸机叫老鹰，侦察机叫猫头鹰，鱼雷机则叫燕子；用鱼来命名舰船：鲸鱼是战列舰，鲨鱼则是驱逐舰……甚至为了拼出美国人的常用姓名，密语编写者还相应准备了一套动物人名，如蚂蚁、熊和猫分别是最常见的埃布尔、贝克和查理，对于敌方人物，希特勒就叫八字胡须，墨索里尼则是大下巴，而东条英机干脆就叫斜眼。

整个纳瓦霍密语系统设计完成后，美国海军情报机构抽调精干业务骨干来破译用这种密语编写的信息，整整花了3周的时间没有破译出一条。不要说不懂得纳瓦霍语的人，就连没有经过密语使用训练的普通纳瓦霍士兵也无法破解这些密语中所包含的真正意思。

纳瓦霍报话机员使用纳瓦霍密语与密码机也进行过比赛，结果他们使用纳瓦霍密语可以在20秒内传递整整3行英文信息，而同样长的信息由熟练的密码机操作员转换却需要足足30

分钟。

参与编制密语的第一批29名纳瓦霍族士兵，除了留下2人负责培训新的纳瓦霍族士兵外，其余27人都被分配到6个海军陆战队作战师中，充当各单位的报话机话务员。最初，他们被戏称为"酋长"，通常很难被军方信任。军官们对于把士兵的性命托付给这些话务员还是犹豫不决，因为纳瓦霍密语毕竟还没有经过战争的残酷考验。

图6-17 正在用纳瓦霍密语进行通信联络的纳瓦霍报务员，他们为战争的胜利也做出了巨大贡献。

但在战火纷飞的战场上，这些被称为"风语战士"的纳瓦霍报务员随后以自己的努力赢得了士兵们的尊敬。举个例子：塞班岛战役期间（就是影片《风语战士》所反映的时间与地点），美军的一个步兵连突然遭到己方炮火的猛烈轰击，当发现炮弹是从自己战线飞来的时候，他们立即在报话机上高呼："赶快停止炮击！打到自己人了！"但是日军经常在报话机里这样冒充美军的通话。这样的小把戏使得美国炮兵真伪难辨，最后炮兵想到纳瓦霍话务员，于是问道："你们有纳瓦霍话务员吗？"

随这个步兵连行动的一名纳瓦霍话务员立即用纳瓦霍密语报告了情况,炮兵部队的纳瓦霍话务员证实了情况,炮击随即停止。

图6-18 纳瓦霍报务员利用特殊的纳瓦霍密语进行通信,让日军根本无法破译。

当纳瓦霍话务员开始传递情报而且既快捷又正确无误时,陆战队逐渐意识到风语战士的巨大价值和作用。纳瓦霍话务员老兵哈罗德·福斯特在回忆这段经历时甚至说:"他们开始像对待国王那样对待你了!他们会说:'酋长,让我帮你拿报话机,让我帮你拿枪。'"海军陆战队接着就开始实行一项特别措施:正如影片展现的那样,为每个纳瓦霍话务员配备了一个贴身警卫。这些警卫担负着两项使命,一是保护纳瓦霍话务员免受自己人的误伤(因为外貌上同是黄种人的纳瓦霍人与日本人实在太像了);二是保护他们不落入日军之手。关于是否有在被日军生俘危险下必须打死纳瓦霍话务员来保护纳瓦霍密语的命令,未见正式的书面命令，因此是否真的下达过此类命令那就不得而知了。

从瓜岛、马绍尔群岛、布干维尔岛，一直到塞班岛、硫磺岛和冲绳岛，纳瓦霍密语逐渐发挥了越来越重要的作用，尤其是在太平洋战争最惨烈的硫磺岛战役中，10多名纳瓦霍语话务员两天两夜没有睡觉，在6个通信网络中总共传递了800条信息和命令，无一差错。星条旗在折钵山升起的消息，最早也是通过纳瓦霍密语发出的。在长达1个月的激烈战斗中，有3名纳瓦霍话务员英勇牺牲。他们的表现令所有原先怀疑他们的人折服。海军陆战队第3师通信主任霍德华·康纳少校就明确表示："没有纳瓦霍人，硫磺岛将永远不会被攻克！"这也正是对所有纳瓦霍话务员的肯定与赞誉。

日军也发现了这一情况，开始注意生俘纳瓦霍士兵。有一

图6-19 硫磺岛插旗这一幕称为战争中最经典的画面，在这场战役中纳瓦霍报务员同样做出了巨大贡献。

次，日军俘虏了1名普通的纳瓦霍士兵，对他进行严刑拷打，得到的结果只是这样的回答："那是他们自己编制的密码，我也弄不明白。"

在第二次世界大战中，有3600多名纳瓦霍族人参军，但其中只有420名被挑选出来，经过培训后成为纳瓦霍密语话务员。他们之中无一人被生俘，将无敌密语的秘密一直保留到战争结束。3年的战争表现，纳瓦霍密语被誉为"快速传递机密军事电文所不可或缺的手段"，以缄默寡言著称的纳瓦霍民族，用他们独特的语言，在第二次世界大战中编纂了一个不可破译的无敌密语，为世界反法西斯事业做出了巨大贡献。

第二次世界大战结束后，纳瓦霍的风语战士大都退役还乡。战争中纳瓦霍密语曾被列为最高机密，这些风语战士也都宣誓保密，因为美国还曾计划在战后其他重要时刻再次起用。因此每当别人问及他们在战争中的经历，这些纳瓦霍风语战士常常是轻描淡写地回答："我只是个话务员。"一些战后继续留在军中服役的纳瓦霍士兵后来参加了朝鲜战争和越南战争，但是纳瓦霍密语却再未在战争中使用过。

这一秘密一直到1968年，才被公之于众。1970年菲利普·约翰斯顿出版了《印地安土语为我们赢得战争》一书，依旧没有引起太大的关注。此后很长一段时间里，有关战争历史的记叙中都没有纳瓦霍密语的一席之地。但是历史并没有忘记他们，1975年纳瓦霍风语战士第一次受到国家级褒奖，并在当年的元旦花车巡游中公开表演。1982年，当时的美国总统里根宣布每年的8月14日为"国家纳瓦霍密语话务员日"，以纪念纳瓦霍密语在战争中的巨大作用。2000年4月,来自新墨西哥州的参议员杰夫·宾格曼向国会提出了"密码战士表彰法案",以表彰纳瓦霍密码战士的贡献。该法案于2000年12月被国会正式通过。

2001年7月26日,美国总统小布什举行隆重仪式,为编制纳瓦霍密语的29名纳瓦霍人中还在世的4人(另有1人因故无法出席,其他24人已先后去世)颁发美国政府的最高荣誉勋章——"国会荣誉勋章",以表彰他们在60年前所编制的不可破译的"无敌密语",同时也向其他约400名纳瓦霍通信兵颁发勋章。在颁奖仪式上,布什总统感慨地说:"他们勇敢工作,出色地完成了自己的任务……他们对国家的贡献值得所有美国人的尊敬和感谢!"

2002年8月,吴宇森导演的影片《风语战士》更是第一次

图6-20 2001年7月26日,美国总统小布什举行隆重仪式,为编制纳瓦霍密语的29名纳瓦霍人中还在世的4人(另有1人因故无法出席,其他24人已先后去世)颁发美国政府的最高荣誉勋章——国会勋章。

将纳瓦霍密语话务员的形象搬上银幕,用艺术的视角为纳瓦霍话务员和他们的密语做一番最生动的宣传,使全世界都知道了风语战士。今天,你只要在网上输入关键字"纳瓦霍",就能迅速找到连篇累牍的相关介绍,昔日的无名英雄终于名扬天下!

第七章 纳粹德国的密码战

要说第二次世界大战中最著名的德军将领，自然非埃尔温·隆美尔莫属。隆美尔人称"沙漠之狐"，就是形容他在北非战场上以灵活多变的战术，擅长出其不意的机动作战，犹如狐狸一般狡诈。隆美尔在北非战场上多次以少胜多，表现非常亮眼，不但为他赢得了陆军元帅的节杖，而且也为他赢得了赫赫威名。

1940年9月，意大利投入6个师从北非的昔兰尼加向埃及大举进攻，在这一线的英军只有1个师，兵力相差悬殊，只能且战且退，意军一路尾追，直到占领西迪巴特尼之后才停了下来。

12月，英军在得到了2个师的增援之后发起反攻，不但夺回了西迪巴特尼，还乘胜进军，在两个月的时间里突进700千米，相继占领巴尔迪亚、托卜鲁克、班加西等重镇，英军仅仅以伤亡1500人的轻微代价，就取得了歼灭意军9个师，俘虏13万人的辉煌胜利。

意大利被英军打得丢盔卸甲之后，只得向纳粹德国求援。希特勒随即派刚刚晋升陆军中将的隆美尔组建非洲军（最初只下辖2个师，共约3万人）开赴北非。

1941年2月，隆美尔率部抵达北非。2月下旬就向兵力占有优势的英军发起了进攻，4月9日攻占梅奇利，除了孤城托卜鲁克以外，控制了整个巴赛尔高原，仅用了2个月又将战线推回到了埃及边境。英军在这场战役中损失惨重，连西部沙漠集团军司令理查德·奥康纳中将也成了俘虏。至此，隆美尔一举扭转了非洲战局。为此丘吉尔一怒之下解除了中东英军总司令韦维尔的职务。

尽管德军在4月11日第一次进攻托布鲁克失利，但5月英军的"短促行动"和6月的"战斧行动"两次反攻也都被德军所挫败。隆美尔指挥的非洲军升格为非洲装甲集团军，他也晋升为装甲兵上将。

12月由于战线拉得太长，补给困难，隆美尔率部主动撤出昔兰尼加半岛，后又撤到卜雷加。

1942年1月，隆美尔向阿杰达比亚一线英军发起反击，大获全胜，并一路进军占领班加西。

5月，向英军托卜鲁克以西的卡扎拉防线发起进攻。6月20日，攻克托卜鲁克。6月22日，因为这一战功晋升陆军元帅。随后继续进攻，攻入埃及，相继占领西迪巴腊尼、马特鲁，一直到阿拉曼德军攻势才停顿下来。

隆美尔在北非战场这一连串的胜利，都是在兵力、装备、后勤等各方面处于劣势的情况下取得的，因此不由得令人惊叹。很多人都认为隆美尔能够取得如此辉煌的战绩，是依靠着他高超的指挥能力，但实际上，隆美尔在北非战场上令人瞠目的成就，主要得益于他手上的一张制胜王牌——德军第621无线电侦听连，前身是德军第56通信营第3侦听连。该连于1941年4月抵达北非，连长是西波姆中尉（后来晋升上尉）。到达北非后，第3侦听连随即吸收了原先在北非战场负责无线电侦听工作的德军第39通信营3连无线电侦听排。1942年4月，第3侦听连正式改编为第621无线电侦听连。

由于北非战场的特殊性，在情报工作中无线电侦听成了最重要的获取手段。由于部队的机动性很强，派巡逻队捕捉俘虏并不容易。地面侦察的手段也有限，通常隆美尔是将侦察部队作为快速反应部队，或者利用其机动性强的特点来警戒不太重要、但面积广阔的侧翼。在其他战场上卓有成效的空中侦察，到了北非却难以一展所长。仅在发现正在机动中的部队才能有所斩获，一旦敌方部队停止机动，并通过各种伪装手段来隐蔽自己，空中侦察便无法发挥作用。与之相应的，由于沙漠的地形特点，高度机动化的部队反而更多依靠可靠的无线电通信来进行。

图7-1 德军名将"沙漠之狐"隆美尔在北非令人惊叹的胜利，很大原因是得到了密码情报。

英军尤其是装甲部队在这方面更加依赖无线电通信，这就使得德军通过无线电侦听获取情报成为最重要的情报来源。

621连的工作包括四大部分：侦听，破译、定位以及最后的综合分析。

侦听通常要先找到通信波段，以没有加密的明码通信为优先，然后开始判断各个通信网以及通信网里面各个通信点的性质。一个通信网，通常以一个总站为基础，和一些分站进行联系，形成网状交互。通过侦听可以判断出哪些是总站，哪些是分站。侦听到的密码通信会被第一时间交给破译小组。破译小组通过各方面的情报综合判断这些总站和分站所代表的单位。然后接下来是定位，通过定位来确定各个通信单位的位置。

最后将3个小组的工作成果汇总并进行分析，就能确定英军各个单位的位置，并从中判断英军的动向。

英军的无线电通信在北非战场的初期表现非常糟糕，即使到了中后期，无线电通信仍然存在很多问题。这些问题在各次战役中都造成了程度不一的后果。从第一次世界大战时无线电通信就已经开始得到了广泛使用，英军在第二次世界大战爆发之前演练机械化部队的时候在这方面也进行了很多测试——就如上文所提到的，在一个频率内使用一个通信网的结构就是战前确定的模式。但是无论如何，英军战前的军费不足而造成了军事装备研制和发展的停滞，通信系统作为次要的辅助部门更是如此。1939年9月战争爆发时，英国陆军主要依赖有线电报和电话进行联络，但很快在实战中证明了无线电通信的必要性和重要性，尤其在高度机动化的北非战场更是如此。法国战役和挪威战役的失败，导致英军损失了大量装备，其中就包括许多重要的通信设备。而想要补充装备到达北非战场，走海上运输线需要绕道好望角，路途遥远。所以北非英军不但正常的补给都因此滞后，更不必说损失惨重的通信装备了。各部队通信装备的缺口都很大。

英军无线电通信方面的第二个问题是保密纪律很差。英军会用保密代码代替单位名称，但由于设备不可靠，有时候报务员会直接用单位名称来呼叫。德国人很容易就能知道代码所表示的实际单位名称。不要小看实际单位名称的泄露，这一情报使得德军很容易就能推断英军的部署情况，再辅以其他渠道的信息，想要分析出英军动向并非难事。

而且英军在发送电文的时候很喜欢同时抄送很多相关单位，如果某项命令直接发给所有下属单位，德军很容易就能猜到某个单位下面的具体编成。

英军也没有定期更换报务员的规定。通过确认报务员的敲键习惯——这就像是人的笔迹，每个人都不一样——有经验的侦听人员能够很轻松地识别出某个报务员。这样就算某个单位更换了保密代码，德军也很容易通过报务员信息来判断他所在的单位。

如果某个英军单位发出如下的信息"因为地形问题我没法在今天下午

图 7-2 负责对英军进行无线电监听和破译的德军第 621 无线电侦听连,是隆美尔手上的一张制胜王牌。

干那事,要顺延到今晚,不会影响你明天表演的。"通过识别收件人和发件人,621 连很容易能够确定英军这两个单位正在准备什么行动。621 连副连长赫特兹被俘后供认:"我们一般来说不会麻烦破译人员,我们需要的是熟悉英语的人,最好是有在英国生活经历的,这样几乎不用专门的密码破译,就能基本了解英军的动向了。"

英军营级单位和下属的部队联系时,主要使用报话机,因为这要比无线电报更具有及时性。虽然 621 连的工作重点是针对英军旅级和师级通信网,但在旅级和师级通信中也会使用报话机。所以,621 连强调靠近前线侦听,主要也是针对报话机的无线电话通信的,因为无线电话的工作范围有限,所以需要尽可能靠近前线。而破译小组主要针对无线电报的,所以不用靠近前线,可以在相对比较安全的后方。也正因此,621 连非常需要英语口语熟练的人员。

621 连的工作如此出色,甚至可以向隆美尔提供类似英国第 8 集团军作战日志的每日情报汇编。以下是连长西波姆上尉在一份报告中的内容节选:

0733（7 时 33 分，下同）第 7 摩托化旅在 866278 地区与敌军交战；

0735 装甲旅向第 1 装甲师报告，位于 8827 地区的敌军侦察部队正在向西撤退；

0750 第 7 摩托化旅报告几队坦克在 8672275 地区向西移动；

0950 第 7 装甲师向第 13 军报告，遇到德军坦克和高炮部队，正在向南和东南移动。

甚至有德军通信军官在训斥部下时提到，我收到 621 连截到的敌军有关你们行动的通信时，你们的报告还没送上来给我，以后应该更及时地提交报告！

西波姆是在 1941 年 4 月 24 日抵达北非的，5 月中旬就交出了第一份成果。当时英军发动了一次代号为"布莱维亚"的小规模攻势。621 连没有直接预见到这次攻势，但的确提前发现了一些迹象，而且发现在攻势开始前英军向所有单位发送了一个密码代号。6 月初 621 连发现了英军装甲部队的活动，并据此预测英军即将发动一次攻势。6 月 14 日，"布莱维亚"行动前所监听到的密码代号再次出现，西波姆立即向隆美尔报告，英军攻势即将开始。隆美尔马上开始调动部队，做好应对准备。第二天，英军的新一波攻势——代号"战斧"行动开始了！

就是在这次英军的大规模攻势中，621 连监听到了大量的英军通信，如英军指挥官请示下一步如何进行以及部队抱怨缺乏弹药等。英军攻势初期德军还缴获了一本英军的代码本，这也帮助 621 连够更快地破译英军密电，获取更多情报。

当然英军也不是完全无能，撤退时第 7 装甲师就严格保持了无线电静默，第 11 轻骑兵团和第 4 南非装甲车团还更换了无线电报务员，这一举措误导了 621 连相当长的时间。可见，第 7 装甲师能够成为英军的王牌，显然不是浪得虚名。

621 连并不是单打独斗，情报的获取也需要其他单位的协助，例如空

图 7–3 德军 621 无线电侦听连对英军无线电的监听，从无线电通信数量的变化也能大致判断英军的动向。

军的空中侦察。1941 年 11 月初，621 连通过空军的协助，确定了第 1 南非师的位置。

在"十字军"行动之前英军加强了无线电管控，不少部队实施了无线电静默，因此 621 连完全没有侦察到英军的攻势。一旦攻势开始后，英军的无线电通信立刻活跃了起来，与此同时一份缴获的代码本为 621 连的工作提供了相当大的帮助。如通过英军多次呼叫第 5 南非旅而始终没有回应，西波姆就基本确定该旅已经被消灭。"十字军"行动持续了将近半个月，足够西波姆确定英军参战部队的作战序列，以及最新的动向。例如他就曾报告了第 70 师抵达托卜鲁克。西波姆还通过无线电定位，发现一些单位的发报地点在不断后撤，从而判断出这些部队已经失去了战斗力，不得不撤回后方。

不过，德军还是在"十字军"行动中遭到了挫败，被迫开始撤退。对于 621 连来说，这次撤退行动如同一场灾难，有一部分人员和其他部队在巴迪亚被英军包围，被迫投降，同时还有一辆满载侦听资料的卡车也被英军缴获。但显然英军并没有意识到这些资料的重要性。

621 连的工作是需要一个固定的地方以便定位敌方无线电的发报位

置,而为了能够更清晰地截获无线电通信,需要在尽可能靠近前线的位置,这样的工作特点令621连时常处于危险之中,除了上面提到的巴迪亚外,西波姆也曾经两次遭遇过英军。在1942年1月的撤退过程中,他甚至被英军俘虏,还好他很快就逃脱了。但下一次他就没这么好运气了。

隆美尔非常依赖621连的情报,而隆美尔自己也经常处于移动中,621连因为特殊的工作方式,是无法始终跟随隆美尔的。所以西波姆派了一个联络军官跟着隆美尔,一旦有情报就可以立刻通过这个联络军官向隆美尔报告。

1942年1月,621连截获了第2新西兰师的密电,电文内容是跟其他单位告别和祝福,这显然表明第2新西兰师即将调离北非。1月24日,西波姆报告,英军正在开始后撤。这段时间里西波姆的621连还发现了第1自由法国师在1月底调来,以及第11印度旅在莫拉鲁,第1南非师在巴迪亚,第1装甲师在梅奇利等情报。

当隆美尔向贾扎拉发动攻势之后,621连继续发挥作用。在骑士桥周边的坦克战中,隆美尔逐个击破英军的装甲旅,其中就有621连的功劳,他们截获了英军第7装甲师的通信,向隆美尔提供了英军动向的关键

图7-4 攻占托卜鲁克是德军在北非战场胜利的巅峰,德军无线电侦听和破译功不可没。

情报。

当德军攻占托卜鲁克后，隆美尔根据情报和缴获的大量燃料、武器装备和卡车，认为完全可以继续乘胜向埃及进军，因此下令继续向亚历山大港方向挺进。结果在7月1日开始的第一次阿拉曼战役中，隆美尔遇到了英军顽强抵抗。经过几天的激战，隆美尔始终未能突破英军的防线，在耗尽了包括缴获来的燃料和弹药之后，不得不停止进攻。

来而不往非礼也，接下来就该是英军反攻了，进攻部队是澳大利亚第9师。这个师的师长莫什海德少将有能力也有实战经验，而且第9师也素以剽悍顽强而著称，曾经在托卜鲁克孤军坚守，顽强抗击了非洲军团一年！而且不是单纯死守，还经常组织小规模反击，这次反攻也正是澳大利亚第9师最擅长的短距离步兵攻势。

在德军方面，由于战线已经基本定型，西波姆决定寻找一个合适的侦听地点。很不幸，他选择了在意军塞布拉塔师战线后面靠近海边的一个地方，这个位置距离前线仅有500米。621连的侦听分队和定位分队在这里架起了设备。当澳军发动攻势的时候，西波姆刚好和侦听分队在一起，而这个侦听地点就在澳军的攻击路线上。

面对突如其来的澳军，621连措手不及。加上本来就不是战斗部队，仅仅1个小时，621连就被澳军消灭了，连长西波姆上尉被俘。

当隆美尔早上问西波姆的联络官有什么最新情况时，得到的回答是与西波姆失去了联系。隆美尔马上询问621连的位置，看到联络官在地图上指出的位置，隆美尔立即恼火地说："那它就没了！"

621连这两个分队的人员，只有少数人侥幸逃离，其他人非死即俘。被俘的73名人员中，有两名军官，其中就包括连长西波姆上尉。西波姆在战斗中受了重伤，几天后在亚历山大的英军医院中伤重不治。澳军在缴获的车辆上发现了大量的文件，这些俘虏连同发现的文件随即被送到后方。澳军根本没有意识到他们这次是取得了怎样的重大战果，对于他们来说当天白天的艰苦防御战才是值得骄傲的。30军军部几天后给澳军第9师发来了一封不咸不淡的感谢信，感谢他们"将缴获的装备和文件后送，其中发现了非常有价值的资料。"

就是这么一场连澳军第9师都不以为然的连级战斗，对北非战场却带来了重大影响。

对621连被俘人员审讯以及缴获的文件，给英军带来了巨大冲击。英军立刻加强无线电通信的管控，停止了以前那些愚蠢的做法。经过对缴获的621连文件的分析，英国人得出了正确的结论，随即第8集团军进行了一个星期的无线电静默，以改进无线电通信的安全性。

英军的情报人员对于621连缴获文件的看法是："在缴获的文件中发现了大量英军的密码本和文件，这些文件显示了在无线电通信中使用代码或列表，并在报文中列出所有收报单位的做法，实际给予了敌军一份完整的作战序列，以及便于敌军能够通过无线电通信对各英军单位进行识别。"

德军第15装甲师也有一个无线电侦听排，在621连被消灭后，这个侦听排就接替了621连的工作，虽然也监听到了大量的通信，但远远比不上西波姆的621连。

621连被歼后，德军马上着手开始重建，在德国本土迅速重建了新的621连，并在1942年9月抵达北非，与原621连的剩余人员合并。但新的621连再未能够取得以往那样的辉煌成就。可以说，西波姆的621连的损失，对于德军来说是无法弥补的。

阿拉曼战役后，新的621连随着非洲军团一路后撤，一直撤到突尼斯。虽然德军内部认为应当在还来得及的时候撤出一些重要单位，如621连。但在希特勒坚守北非的严令下，621连最终未能撤离非洲。1943年5月，621连随其他在北非的德意军残部一起在突尼斯向盟军投降。

隆美尔得到的信号情报，除了621连，还有一条重要渠道，不过不是来自德军，而是来自美国。

图 7-5 1943 年 5 月，轴心国在北非战场彻底失败，第 621 侦听连和大批德意军一样成为盟军俘虏。

美国驻埃及大使馆武官弗兰克·费勒斯上校，他肩负着向华盛顿报告英军在北非战场作战情况的重任。他还是非常尽责的，1940 年 10 月 8 日，费勒斯第一次拜会了中东英军总司令韦维尔上将，表示希望能够详细了解英军在北非战场的作战情况，鉴于英美两国之间的特殊关系，所以韦维尔很干脆地表示一定会全力满足费勒斯的要求，此后费勒斯就成了韦维尔的常客，几乎隔三岔五就会来到韦维尔司令部，而韦维尔对他确实也是知无不言，言无不尽。对于费勒斯提出的实地考察的愿望，也给予了最大程度的满足，只要没有危险，韦维尔就会派人陪着费勒斯去战地实地考察。

而费勒斯的工作热情也是相当高，他将这些所见所闻全部记录下来，然后发回华盛顿。从 1941 年 9 月至 1942 年 8 月，在北非战场最白热化的时期，费勒斯几乎每天一份报告向华盛顿详细进行汇报。在他的报告里，内容包括英军的兵力部署、装备、后勤、士气，以及英军将领的声望、能力，对英军战术的分析点评，还有护航船队的情况，在每份报告的最后，还有他对战役前景的判断，当然这些判断都离不开英军提供给他的真实的作战计划。

所有这些报告，费勒斯都是用美国驻外武官的专用密码——"黑色密码"进行加密后发送，在当时美国人认为"黑色密码"是绝对安全的。

不过早在1941年1月，意大利军事情报部负责人切萨雷·阿梅尔将军就派了两名间谍秘密潜入美国驻罗马大使馆，打开保险箱，将"黑色密码"的密码本拍照，然后再原封不动放回去。就这样，意大利成功获得了"黑色密码"的秘密，对意大利来说，从现在开始，"黑色密码"就等于是明码了，毫无秘密可言。不过，意大利人对德国人还是留了一手，并没有将"黑色密码"的情况告诉德国人，尽管此时隆美尔的非洲军团正在北非为意大利人浴血苦战。

德国人在根本不知道意大利人已经掌握了"黑色密码"的情况下，完全依靠自己的力量，德军最高统帅部密码处成功破译了"黑色密码"，从而也就洞悉了费勒斯报告的所有内容。最高统帅部每次破译了费勒斯的报告，就会第一时间通报给隆美尔。这样隆美尔就成了德军一线将领中掌握对手情报最全面最准确的一位..。这样的话，如果他再打不了胜仗，也就太说不过去了。

1942年2月，隆美尔根据费勒斯的报告，掌握了英军装甲部队的详细情况，包括作战序列、装备坦克的型号和数量，以及部署和后勤保障情况。同时也了解到随着英军战线拉长，后勤补给线也随之拉长，加上受到德意两国空军的不断袭击，英军前线的后勤供应已经出现了一定程度的困难。隆美尔抓住这个机会，于3月3日发起了突然攻势，仅用了半个月就将英军重新赶回了埃及。

1942年5月，德国空军集中力量轰炸地中海上的马耳他岛，准备拔掉在地中海上的这颗钉子，彻底打通意大利本土和北非的海上交通，以便给北非的隆美尔更大支援。英国派出78艘运输船组成两支护航船队大举增援马耳他岛，同时派出空降部队突击德意军的9个机场，以压制德意军的空中力量，保障护航行动的安全。费勒斯照例将这个计划详细报告了华盛顿，于是德军也就同样知道了，立即采取了相应的措施。英军的空降部队落入了德军的陷阱，损失惨重；护航船队遭到了德意军飞机和水面舰艇的疯狂截杀，最后只有2艘运输船得以抵达马耳他岛。

图7-6 在争夺地中海上战略重地马耳他的过程中，英军由于密码被破译遭受了很大损失。

6月，英军发起了代号"战斧"行动的攻势，对英军作战计划了如指掌的隆美尔在英军进攻的必经之地哈勒法设下伏击，英军这次进攻的主力装甲部队几乎全军覆没，隆美尔乘胜反击，攻占了托卜鲁克，并在6月底推进到了阿拉曼，距离亚历山大港还不到100千米，达到了他军事生涯的巅峰。

但隆美尔之后就开始走下坡路了，因为盟军方面终于找到了泄密的源头。

1942年4月，盟军通过破译德军的恩尼格玛密码，发现德军的情报来自费勒斯。6月，费勒斯被召回国内，不过美国并没有处分他，相反还给他颁发了勋章，以表彰他在担任武官期间工作尽职，发回的报告"准确而客观"。至于"黑色密码"，盟军知道这套密码已经失密，但并没有废止，而是还用来发送一些无关痛痒的低密级文件，时不时夹杂一些假信息，这些真假情报给德军带来了不小误导。

平心而论，费勒斯的工作能力还是很不错的，可惜他所使用的密码被德国破译了，这并不是费勒斯的过错。德国方面对费勒斯报告的评价非常高，认为他的分析相当准确客观，连希特勒都表示希望这位武官能够继续如此出色的工作下去。隆美尔也非常欣赏费勒斯的报告，因为他的报告非常详尽，而且评价得非常准确。当隆美尔攻陷托卜鲁克之后，根据费勒斯的报告，他认为英军已经一蹶不振，应当再接再厉，乘热打铁尽快进攻埃及，即使后勤状况不理想。然而实际上费勒斯并不知道，英军已经得到了生力军的增援，或者说英国人没让费勒斯看到。隆美尔本来以为在阿拉曼遇到的是已经被击溃的第 50 师，但实际遇到了连费勒斯都不知道刚刚调来北非的第 1 南非师，这个师在阿拉曼成功挡住了德军的攻势。费勒斯同样不知道的还有第 9 澳大利亚师，这个师在随后几天也赶到阿拉曼，进一步加强了阿拉曼防线的防御力量。

在失去了第 621 连和费勒斯这两个最重要的情报来源之后，隆美尔战无不胜的光环就黯然失色了。

图 7-7 失去了密码情报来源，在 1942 年 10 月的阿拉曼战役中，隆美尔就没能再现他"沙漠之狐"的威名，首次遭到了挫败。

1942 年 10 月阿拉曼战役中，隆美尔就没能再现他"沙漠之狐"的威名，被蒙哥马利指挥的英军击败。这一战，英军固然占据兵力、装备和后勤上的巨大优势，而再也不能掌握英军动向的准确情报，更是一大关键原因。

德国在第二次世界

大战各参战国中，密码破译的水准算是比较低的，而在德国的陆海空三军中，相比而言，还是德国海军的破译水准最高。原因很简单，因为当时英国海军是世界上最强大的海军，而德国海军整体实力连英国海军的零头都不到，实力相差如此悬殊，使得德国海军不得不在其他方面想尽办法来缩小这一差距。

英国最大的弱点就是海上运输线，因为英国是个岛国，经济完全依赖海上贸易和运输，工业原料和生活必需品大都依赖进口，英国每年消耗的物资中，石油的75%、铁矿石的88%、铜的95%、铅的99%、小麦的89%、肉类的84%和食用油的93%都依赖进口，每年的海运物资总量超过6800万吨，每天航行在大海上的英国运输船多达2500艘！只要击沉尽可能多的英国运输船，使英国运输船的吨位损失超过其新建船舶的吨位，就能最有效地打击英国的战时经济。德国海军用来打击英国海上运输的主要就是潜艇。

德军潜艇部队司令卡尔·冯·邓尼茨发明了"狼群战术"，就是以数艘或10多艘，甚至数十艘潜艇组成艇群，以20～30海里间隔一字排开横亘在敌方运输船队可能经过的航线上，一旦一艘潜艇发现目标，立即报告设在岸上的指挥部，指挥部再迅速通知其他潜艇，白天以高速航行抢占有利攻击阵位，天黑后则以水面状态实施近距离鱼雷攻击，天亮前停止攻击，全速抢占下一个有利阵位，等待天黑后再次实施攻击，直至将运输船队消灭。这一战术酷似狼群的捕食，因此被形象地称为"狼群战术"。

尽管"狼群战术"每次都要集中10多艘甚至几十艘潜艇，但是在茫茫大海上，要发现护航船队，还是很不容易的。在陆上尚能够发挥巨大作用的空中侦察，在广袤的海上作用就要有限得多。相比之下，无线电情报的作用就凸显出来。因为船只在海上航行，无线电联系是必不可少的，从而使无线电定位、破译有了更大的用武之地。如果能够通过破译密码提前掌握护航船队的航线等情报，那么潜艇和飞机的搜索就能更加具有针对性，有的放矢，从而大大节省潜艇和飞机的兵力使用。

德国海军的首席破译专家是威廉·特拉诺，1914年他加入德国海军，成为一名无线电报务员。一次，在地中海上的"布雷斯劳"号巡洋舰发给德国海军部的一封密电，却没人能够看懂，这时一支对密码破译有着浓厚兴趣的特拉诺自告奋勇来尝试破译，结果不到3小时就破译了出来，这一下使得他名声大噪。当德国海军成立密码破译部门时，他自然就被第一时间调到这个部门。随后他参与了对英国海军3字密码的破译，在日德兰海战中，他通过无线电密码破译，准确定位了英国军舰的位置。

第一次世界大战结束后，德国海军的密码破译部门就解散了，但没过几个月，又于1919年3月重建，并在1919年4月开始运作。虽然这个部门规模很小，正式工作人员只有8个人，但相比同时代其他国家的密码破译部门，也差不了多少。特拉诺作为元老被继续留用，并在这个新部门中很快再显身手，破译了英国海军的4字密码。

20世纪20年代初期，中国的大革命时代风云激荡，在中国的英国军舰先后在广州和上海向中国人民开火，德国就通过破译英国海军密码，密切

图7-8 德军海军潜艇部队司令卡尔·冯·邓尼茨发明了"狼群战术"，给英国的海上运输造成了巨大损失，而"狼群战术"高度依赖无线电通信和联络。

关注着英国海军在中国沿海和长江流域的活动，同时也冷眼旁观着英国海军在大西洋上的军事演习。

正是由于特拉诺的出色工作，德国海军对这个小部门日益重视，不久就在这个小部门基础上扩充，成立了代号XB机关的海军观察处。

1925年，为了更有效地截获英国海军在地中海的无线电通信，海军观察处在德国南部的黑森州菲林镇设立了监听站。到1933年，在德国各地总共设立了14个监听站，全面截获、监听各国的无线电通信。到1937年，一年中就截获了25.5万封密电，平均每天700封。

到1937年，海军观察处已经破译了4种英国密码、5种法国密码、4种苏联密码和3种丹麦密码。

1939年9月，德国进攻波兰，第二次世界大战爆发。海军观察处也改组为代号B机关的海军情报处密码科。随着德军的占领区不断扩大，B机关的监听站也同步扩展，从挪威的基尔克内斯到法国的普罗旺斯，在短短几个月时间里，就增设了44个无线电监听站，同时工作人员就从开战时的500人增加至1942年初的5000人，整整增加了10倍！24小时分班昼夜不停开展监听、破译。

邓尼茨在以设在威廉港的潜艇部队司令部为核心，利用陆地和岛屿上的无线电发射和接收系统，建立起了一个通信网络。他透过这个网络，可以向活跃在浩瀚大洋上的潜艇发号施令，指挥他们进行破交作战，同时也可以截获英国护航船队以及各地天气预报等信息，当然B机关也可以通过这个网络截获、监听英国海军的无线电通信。

9月11日，开战仅一周，B机关就成功破译出了第一封英国无线电密电。1940年8月20日，B机关成功破译了英国海军的二号密码。同盟国1941年10月开始使用的海军3号密码，又称为英美护航密码，是专供护航船队使用的密码系统，其中包括德军潜艇海上破交所急需的有关船队离港日期、航线、到港时间等情报，更是成为B机关的首要目标。经过努力，B机关于1941年12月成功破译了第一封使用海军3号密码加密的密电，1942年2月已经能破译80%的3号密码。从而德军潜艇能迅速得到护航船队航行的一切情报，对护航船队的安全构成了巨大威胁。B机关也就成为德国海军在大西洋之战中的眼睛和耳朵。例如，掌握了英国OB-4护航船队在布里斯托尔海峡集合的具体地点，根据这一情报，德军U-31号潜艇在该海域对护航船队实施了攻击，击沉了"阿维莫尔"号运输船。这也是德军潜艇对同盟国护航船队的首次攻击，惨烈的护航破交战从此后便全面开始了。

1940年8月30日，B机关破译了英国SC-2护航船队航线和与护航军舰会合海域的密码电报，根据B机关提供的情报，德军调集U-47号、U-65号、U-101号和U-124号共4艘潜艇前往攻击。9月6日，U-65号发现了护航运输船队，但还没来得及报告船队位置就遭到英军护航军舰的驱逐，直到午夜过后，U-65号才再次发现船队并引导U-47号前来。U-47号借助于夜色掩护，采取水面攻击战术对船队连续实施攻击，一口气击沉了3艘运输船。9月7日白天，英军水上飞机和军舰竭尽全力，将德军潜艇驱走。这才保障了当晚船队的安全。9月8日夜间，U-47号和U-65

图7-9 由于德军破译了英国密码，掌握了英国护航运输船队的确切情报，从而使得德军潜艇能够准确拦截护航船队，对护航船队大开杀戒。

号潜艇再次成功突破了护航军舰的警戒,实施了攻击,U-47号又取得了击沉1艘运输船的战绩。9月9日凌晨,正在附近海域活动的U-28号和U-99号潜艇也赶来,加入攻击的行列,U-28号击沉了1艘运输船。天亮后,围攻船队的潜艇才被驱走。

此次护航战,英国损失了5艘运输船,计2万余吨。而德国潜艇胜利的关键就在于B机关根据破译英国无线电通信所提供的情报,因此邓尼茨对B机关的工作大加赞赏。

1941年12月,美国参战,这使得B机关的工作量骤然激增。B机关的目标地区从1941年12月的137个增加至1942年12月的236个。

1942年1月,英国开始使用"科隆"和"慕尼黑"(这都是B机关起的代号)两套密码的升级版,但是由于基本编码规则没有本质改变,所以B机关很快就破译出来了。

1942年7月,同盟国开始在不同地区使用不同的复式加密方法,而且每隔一段时间就更换新的密码,这些措施使得B机关的破译工作越来越困难。不过,B机关的运气还是不错,1942年9月德军在北非托卜鲁克缴获了一本"蓝色慕尼黑"的密码本,借助于这本密码本,B机关在9月底就能将英国海军几乎所有的战列舰和航母等主力战舰在海上的位置确定下来。

1942年10月24日,B机关破译了英国SC-107护航船队的航线情报,根据这一情报,邓尼茨调集了11艘潜艇组成代号为"紫罗兰"的艇群,后又增加了2艘,在纽芬兰以东海域展开。从11月1日午夜开始,德军潜艇大开杀戒,这一夜先后有8艘运输船被击沉。11月2日白天,U-522号击沉了1艘运输船。傍晚时分,海上突起大雾,德军潜艇与船队失去了接触,但船队的航行队形也因为大雾而发生了混乱。11月3日,大雾散去,9艘潜艇相继发现船队,并开始攻击,击沉了1艘油船。11月4日,5艘运输船接连被潜艇击沉,最后2艘拖船满载着240名救起的运输船船员和救助船、油船各1艘在2艘护卫舰的护送下离开船队，驶往冰岛。此次护航战，德军以损失2艘潜艇的代价，击沉15艘总吨位达8.2万吨的运输船。德军潜艇此次胜利很大程度上依赖于B机关的情报，邓尼茨因此特意致信B机关表示感谢，并对在无线电破译中做出重大贡献的特拉格进行了嘉奖。

大西洋上双方军舰斗智斗勇，陆地上双方密码破译机关也在斗法，德军潜艇所取得的很多战果都归功于德国海军代号为B机关的密码破译机构的杰出工作，因为很多护航船队的行踪都是根据B机关密码破译的情报被发现的，而英国海军也投入大量人力、物力从事同样的工作，其中设在布莱奇利庄园的"超级机密"团队，先后动用了2万多人破译德军潜艇司令部与大西洋上的潜艇之间的无线电通信，特别是1941年5月英军从俘获的德军U-110号潜艇上所缴获的密码机和密码本为此项工作提供了极大的便利，一旦掌握德军潜艇位置后，立即通知附近船队改变航向以规避潜艇攻击。这种较量很大程度上影响着大西洋上的战斗。如3月初的HX-228护航船队之战，德军B机关破译出有关船队航线的密码，随即调集潜艇前往截击，英军察觉了德军的调动，便改变了航线。德军又及时发现，再进行相应部署调整，不料英军通过无线电侦听和破译，也很快掌握了德军的动态，将计就计恢复了船队原航线，结果规避了德军潜艇的预设截击，最后只是因为德军侦察机发现了船队，才引导部分潜艇前来攻击。

1943年3月13日开始的SC-122船队和HX-229船队护航战为例，德军B机关破译了SC-122船队改变航向的电报，邓尼茨立即在船队新航向前方组织力量，总共调集了"掠夺者""攻击者"和"逼迫者"等3个艇群共计37艘潜艇组成三道巡逻线，以实施截击。但德军潜艇因为受到大西洋上的风暴阻碍，还来不及到达预定巡逻线，SC-122船队就已安全通过了巡逻线所在海域，HX-229船队也已通过了两道巡逻线海域。3月16日清晨，因发动机故障而返航的U-653号幸运地发现了HX-229船队，便立即向邓尼茨报告，邓尼茨马上命令附近海域的 21 艘潜艇火速赶来。当天下午"掠夺者"艇群的 8 艘潜艇发现并接近了船队，夜幕降临后对船队实施了集群攻击，先后击沉 8 艘运输船。同一晚，"攻击者"艇群又发现了 SC-122 船队，由于该船队护航力量雄厚，并大都装备高频测向仪，德军潜艇难以接近船队，只有两艘潜艇实施了攻击，击沉 4 艘运输船。3 月 17 日，尽管有 11 艘潜艇与两个船队保持接触，但大多受到护航舰的压制，无法实施攻击，只击沉了 41 艘运输船。3 月 18 日，德军潜艇由于受到盟军航空兵的强力压制，失去了与 HX-229 船队的接触。因此都赶来集中围攻 SC-122 船队，但只有 U-221 号和 U-666 号进行了攻击，取得击沉 3 艘运输船的战果。3 月 19 日，由于岸基航空兵的出色掩护，只有 1 艘掉队的运输船被击沉。3 月 20 日，英军反潜飞机将所有与船队保持接触的潜艇全部驱走，并击沉了 U-384 号潜艇，邓尼茨见船队离冰岛越来越近，空中掩护的强度也逐渐加强，如果继续强行攻击，必会遭受更大的损失，便下令停止攻击。这场护航战，是第二次世界大战期间德军最大规模潜艇破交战之一，尽管德军潜艇在后期遭到了反潜飞机和护航舰的有效压制，但是仍取得了巨大的战绩，总共击沉 21 艘运输船，计 14 万吨，仅损失 1

图 7-10 得益于密码情报和有效的无线电通信，德军潜艇的"狼群战术"大显神威，令英国损失惨重。

艘潜艇。

1943年5月8日，德军B机关破译了英军密码电报，获得了HX-237和SC-129船队航线的情报，邓尼茨据此命令活动在大西洋上的36艘潜艇组成"莱茵"艇群，准备投入截击。5月9日，U-359号潜艇发现了HX-237船队，但遭到护航军舰攻击，被迫下潜，无法攻击船队。HX-237船队顺利通过了"莱茵"艇群的巡逻线。直到5月10日，U-403号发现了掉队的武装拖网渔船，才再次与船队发生了接触，邓尼茨见"莱茵"艇群已无可能攻击该船队，只得命令正从东面赶来的"画眉鸟"艇群的8艘潜艇担负攻击使命。德军B机关再次破译了英军无线电通信，获悉了船队11日的预定到达位置，邓尼茨随即调整部署。5月11日，U-436号发现了HX-237船队，U-403号则击沉了掉队的1艘运输船。同一天，U-504号潜艇发现了SC-129船队。尽管发现船队的U-504号被护航军舰驱走，但闻讯而来的U-402号在天黑前就发动攻击，击沉2艘运输船。夜幕降临后，德军潜艇相继赶到，其中U-223号与护航军舰发生了激战，被重伤。5月13日，U-221号和U-603号分别击沉了HX-237船队的2艘掉队运输船，邓尼茨见船队已经进入岸基飞机的掩护半径，便下令停止了攻击。同日，第五护航大队与SC-129船队会合，"比特"号护航航母所搭载的舰载机为船队提供了有效的空中掩护。德军潜艇只得放弃了继续攻击的企图。在对HX-237船队和SC-129船队的攻击中，同盟国共损失5艘运输船，计2.9万吨，而德军潜艇损失却相当惨重，共有5艘被击沉，1艘被重创。这次护航战，充分显示了水面舰艇和岸基航空兵、舰载机协同反潜的巨大威力，护航航母及其舰载机逐渐开始在护航战中发挥出越来越大的作用。

1943年1月，同盟国方面全面更换了新密码，这给B机关的破译带来了很大困难，直到7月B机关才基本攻破了盟军的这套新密码，再次掌握了在"看不见战线"上的主动。1943年全年B机关总共截获了3100

万封密电，平均每天就有850封，仅仅将这些密电进行分类，就至少需要10个人。为了帮助统计、分析，B机关使用了霍尔斯分析机和制表机，130人的小组借助于6台机器，可以在8小时之内将这些密电用另外一种方式打印出来，以便于进行下一步的破译工作。

B机关始终没能破译美国海军的密码。这是因为美军使用了机械加密，密码的更新变化速度太快，B机关10天截获的密电，需要霍尔斯机器4个星期才能处理完，所以根本赶不上美军密码的更新速度，也就无法积累起足够数量的重复密码。而没有重复密码，破译也就无从谈起。这和B机关接连破译英军密码形成了鲜明对照。

1943年下半年起，盟军开始大规模空袭柏林。11月，B机关在柏林许多资料和档案在空袭中被毁，这也严重影响了B机关的破译工作。另外，英国护航船队也不再使用经纬度来表示位置，采用了一种全新的表示方法。这更使B机关的破译工作雪上加霜。同时英国也开始加快了密码更新的速度，从原来15天更新一次到一天更新一次，进入1944年甚至是使用一次之后就换用新密码，这样B机关的破译根本就无法进行，即便破译出来也已经过时了。到1944年6月诺曼底登陆前，B机关只能破译英国的一些低密级的密电，对于英军最主要的两种密码完全束手无策。鉴于这种情况，希特勒就命令B机关集中力量破译瑞典、土耳其和意大利的密码，等于放弃了对英军密码的破译。再后来B机关的很多破译人员都被调到前线单位，B机关的工作逐渐停顿。

有关船只的信息也是邓尼茨重要的情报来源。英国海洋运输保险公司和一些欧洲的保险公司合作经营船只保险业务，因此英国海洋运输保险公司会把船只的信息用电报通报给苏黎世的保险公司，其中甚至包括一些船只运载军用物资的重要信息。而苏黎世公司又会把信息转告在慕尼黑的合作商，慕尼黑方面转而把这些信息都告诉德国海军。这样这些信息就成了德国海军重要的情报来源。直到1943年8月，英国才发现这个漏洞，随即按照《反间谍法》下令停止这一业务,算是堵上了这个漏洞。

英国也在努力破译德国海军的密码。1941年,英国海军俘获了德国海军的U-110号潜艇和2艘气象观测船,在船上缴获了德国海军的密码本,这对于布莱奇利庄园密码学校的破译工作帮助极大。布莱奇利庄园很快就全面攻破了德国海军密码系统,到1942年1月甚至可以在一两天时间里破译德国海军的"本土海域"和"九头蛇"两种密码。但是好景不长,从1942年2月开始,德国海军全面启用了新的代号为"海神"的密码,布莱奇利庄园直到1942年12月才第一次破译成功,而且破译速度很慢,有时一封密电的破译时间需要六七天甚至更长,那么破译出来时也已经没有什么实际用处了。

图7-11 对抗德军的"狼群战术",英国同样在密码破译上下了很大功夫,也取得了不小的成绩。

1943年1月,罗斯福和丘吉尔在卡萨布兰卡举行会晤,商讨新一年的战略计划。英美联合参谋长委员会认为目前的当务之急是挫败德国潜艇在大西洋上的破交作战,盟军将投入一切可以运用的力量来遏制德国海军的"海狼"狂潮,其中破译德国海军密码,掌握德军潜艇的动向,也是重要一环。盟军甚至认为即便这样会暴露了破译恩尼格玛的秘密也在所不惜。

尽管从1943年3月开始,德国海军在恩尼格玛密码机上增加了第四个转子,大大增加了破译难度,但布莱奇利庄园的工作人员已经增加至6000人,而且破译恩尼格玛的"超级机密"团队也取得了突破性进展,已经可以在当天破译德军的密码。这对于大西洋上的反潜战也是相当重要的助力,布莱奇利庄园可以将通过破译密码所掌握的德军潜艇的动向及时通知英国海军,从而能够迅速调整护航船队的航线,避开德军潜艇的封锁线。同时在装备方面,盟军的护航军舰开始装备高频测向仪,只要德军潜艇发出电报,就可以迅速测定潜艇发报的准确位置,立即调集反潜飞机和舰艇赶去攻击。即便不能击沉潜艇,也能迫使潜艇停止发报紧急下潜躲避攻击,这样就完全打乱了德军"狼群"战术的节奏。

同盟国在电磁战场上也取得了巨大胜利,尽管早在1942年12月英国通过"超级机密"破译的德军统帅部密码就已经获悉德国海军B机关正在破译同盟国的海军三号密码,但英国海军电讯处负责密码安全的威尔逊上校对此却不以为然,没有及时采取必要措施,导致大量运输船遭到攻击,因此威尔逊上校遭到了很多指责。直到1943年6月英国海军电信处才以一套临时密码来替换已经泄密的三号密码,8月才将全部三号密码更换为新的密码,这一密码再也没有被德国破译,在破译密码这一争夺战上,同盟国终于占得了先机!

除了大西洋上惊心动魄的反潜战,英国和德国海军的海上作战中密码也发挥了巨大作用。

就整体实力而言,德国海军和英国海军完全不在一个等量级上,所以德国海军采取了"质量建军"的对策,强调单舰的战斗力,要能够以一对多。俾斯麦级战列舰就是这种思想最典型的表现。

一号舰"俾斯麦"号于1936年7月在在汉堡布洛姆·福斯造船厂开

工，1939年2月下水，1940年8月建成服役。标准排水量：41700吨，满载排水量：50900吨，最大航速30节，续航力9280海里（16节）。武备为4座双联380毫米主炮、6座双联150毫米副炮、8座双联105毫米高射炮、8座双联37毫米高射炮、2座四联20毫米机关炮、12门单管20毫米机关炮。主装甲带厚320毫米，主甲板装甲厚102毫米，主炮炮塔正面装甲厚380毫米，炮座装甲厚342毫米，水平防护装甲厚120毫米，指挥舰桥装甲厚350毫米，装甲总重量高达17450吨——火力强，防护强，确实战斗力不同凡响。

图7-12 "俾斯麦"号战列舰是德国海军在第二次世界大战中最强大的战舰。

1941年5月，"俾斯麦"号在"欧根亲王"号重巡洋舰伴随下第一次出航，杀入大西洋。英国海军如临大敌，立即调集了大量战舰前往围追堵截。5月24日，"俾斯麦"号在丹麦海峡与英军战舰遭遇，一举击沉了英国海军的骄傲——排水量4.5万吨的"胡德"号战列巡洋舰，还击伤了"威尔士亲王"号战列舰，展现出了令人瞠目结舌的战斗力。

这时，德国舰队司令冈瑟·吕特晏斯海军中将认为"俾斯麦"号已经立下了旷世奇功，再去大西洋袭击运输船就有些得不偿失，而且"俾斯麦"号也在丹麦海峡之战中受到了一定损伤，特别是损失了2000升燃油，所以改变了原先计划让"俾斯麦"号返回法国的圣纳泽尔港，"欧根亲王"号继续突入大西洋执行袭击运输船的任务。

但英国海军怎么可能就这样放过"俾斯麦"号，当时在大西洋上的英军战舰从各个方向赶来，不过距离都太远，只能由"诺福克"号和"萨福克"号两艘巡洋舰在后面远远尾随，用雷达跟踪着"俾斯麦"号，不断报告"俾斯麦"号的行踪。

吕特晏斯很清楚实力强劲的英国本土舰队肯定正从几个方向全速赶来，而"俾斯麦"号燃料匮乏，无法长时间高速航行，形势相当不利。唯一摆脱困境的方法就是尽快摆脱尾随在后的两艘英军巡洋舰，使英军失去目标。吕特晏斯绞尽脑汁，终于想出了一条妙计：由于此时已经进入德军潜艇比较活跃的海域，跟踪的两艘英军巡洋舰不得不采取"Z"字形反潜航线，吕特晏斯发现当两艘英舰行至"Z"字形航线的横向顶端时，会因为距离太远而进入雷达工作盲区，吕特晏斯就是要利用这个良机，来上演一出金蝉脱壳的好戏。当然这需要非常准确的时机把握和高超的操舰技术。

5月25日凌晨3时06分，两艘英舰行至"Z"字形航线的横向顶端，"诺福克"号首先转向，很快雷达屏幕上只剩下"萨福克"号的信号回波，当"萨福克"号也开始转向，吕特晏斯立即下令全速右转，以最快速度冲出英舰的雷达探测范围，然后再全速从两艘英舰的尾部绕过去，折向东行。

当两艘英舰从"Z"字形横向转到斜向行驶后，突然发现雷达屏幕上一片空白——"俾斯麦"号不见了！英国本土舰队司令托维接到失去雷达接触的报告，他知道这一定是"俾斯麦"号处心积虑的突然转向。他判

图7-13 "俾斯麦"号战列舰首次作战行动由德国舰队司令冈瑟·吕特晏斯海军中将指挥。

断,"俾斯麦"号之所以急于甩掉跟踪,是由于在丹麦海峡海战中流失了大量燃料,现在最大可能就是向北返回德国,所以他立即命令全力向北搜索,争取尽快重新发现德舰!但是这谈何容易啊,真正的大海捞针!更何况这个搜索方向还是错的,英国海军采取了可能的一切侦察措施和手段,还是一无所获!

就在英国海军一筹莫展之时,吕特晏斯却以为已经摆脱了英国海军的追击,危险已经过去,于是志得意满地向德国海军司令部报告了击沉"胡德"号的经过和己舰的损伤情况,以及准备返回法国的下一步计划,这份冗长的电报足足发了半小时。这对于英国海军来说,简直就是求之不得的厚礼!设在爱尔兰和直布罗陀的英国海军无线电测向站都截获了这封电报,并通过三角定位法准确测出了"俾斯麦"号的位置。

即便没有破译出这封电报的内容,但是确定了"俾斯麦"号的位置,这就够了!英国海军随即重新调整围堵计划,各路舰队蜂拥而至,最终击沉了"俾斯麦"号。

通过这一战例，可以充分说明无线电情报在战场上的重要作用，如果吕特晏斯不发这封电报，保持无线电静默，那么英军追击的方向完全错误，根本就不可能追上"俾斯麦"号。

资料7-1：德国海军的骄傲"俾斯麦"号战列舰

第一次世界大战结束后，在《凡尔赛和约》中对战后的德国海军进行了严苛的限制：现役战列舰不得超过6艘，单艘战列舰的排水量不得超过1万吨，而且要在舰龄超过20年后才能建造新舰进行替换。战争结束时德国只剩下6艘已经处在半退役状态的老旧战舰，此时的德国海军战列舰部队，已经是徒有虚名了。

魏玛共和国时代，由于国家经济窘迫，根本没有财力建造新的战舰，整整十年都没有一艘新舰建成。直到1929年才开工建造符合《凡尔赛和约》规定的新舰，到1932年3艘标准排水量11000吨级的德意志级袖珍战列舰（即装甲舰A、B、C）相继建成。

1933年纳粹党上台执政，彻底抛弃了《凡尔赛和约》的限制，开始重整军备。

1935年6月，英国和德国签署了《英德海军协定》，允许德国建造战列舰的排水量吨位可以增加到英国战列舰排水量总吨位的35%。

1935年，德国将原来计划建造的德意志级第四、第五号舰（即装甲舰D、E）升级为排水量3.2万吨的战列巡洋舰。同时，由于《英德海军协定》的规定，德国新建战列舰吨位骤然增加了12万吨，所以德国海军就将后续两艘战列舰——装甲舰F、G的设计提上了议事日程。但是根据《英德海军协定》的规定，单艘战列舰的排水量吨位不得超过3.5万吨，主炮口径不得超过406毫米。纳粹德国显然不会满足于此，所以德国在设计装甲舰F、G时，名义上对外宣称排水量3.5万吨，实际建成之后的满载排水量竟然超过了5万吨。

这样出台的装甲舰F、G就是俾斯麦级的两艘战列舰。

一号舰"俾斯麦"号于1936年7月1日在在汉堡布洛姆·福斯造船厂开工，1939年2月14日下水，1940年8月24日建成服役。

标准排水量41700吨，满载排水量50900吨。舰长241.5米，舰宽36米，吃水10.2米。动力系统为3台蒸汽轮机，12台燃油锅炉，最大输出功率150000马力，3轴，最大航速30节，续航力9280海里（16节）。

装甲防护为：主装甲带厚320毫米，主甲板装甲厚102毫米，主炮炮塔正面装甲厚380毫米，炮座装甲厚342毫米，水平防护装甲厚120毫米，指挥舰桥装甲厚350毫米，装甲总重量17450吨。

武备为4座双联380毫米主炮、6座双联150毫米副炮、8座双联105毫米高射炮、8座双联37毫米高射炮、2座四联20毫米机关炮、12门单管20毫米机关炮，搭载4架阿拉多Ar–196水上侦察机，舰员2092人（其中103名军官）。

第八章 恩尼格玛密码机

密码破译的发展推动了密码编制的进步。从早期最简单的恺撒密码，到基于多表替换理论的维吉尼亚密码，最后到罗西诺尔父子的路易十四大密码，密码越来越复杂。虽然安全性提高了，但是发送时将明文转成密文，接收时再将密文转回明文，太耗时耗力，甚至影响了通信的及时性。密码的发展进入了瓶颈——密码为确保安全的复杂与使用便捷之间的矛盾，而要解决这个瓶颈的关键就是在于需要用机械来代替人工，也就是采用能够自动加密的密码机械来代替人工加密。

就这样，密码机开始走上了历史舞台。密码机从出现到成熟，并不是一蹴而就，也是经历了一个逐渐发展的过程。

最早在17世纪40年代就已经出现了最原始的密码机，不过只有传闻，没有详细的资料和实物。1800年前后，美国第三任总统托马斯·杰弗逊发明了轮式密码机，这是人类历史上第一种实用的密码机。

进入20世纪，密码机在技术上逐渐进入了相对成熟的时期，有好几位发明家在这个全新的领域进行了探索。

美国人爱德华·赫本在1917年提出了转轮式密码机的理论，并在1918年成功制造出第一台原型机，取名"狮身人面密码机"。1921年，赫本募集到38万美元，在美国成立公司，开办工厂，开始生产和销售这种密码机。不过，赫本在经营上显然大大不如他的发明，在三四年的时间里，经营极为惨淡，总共才卖出了12台密码机，总收入还不到2000美元。因此被股东认为他是在欺诈，将他告上了法庭，最后法官判决罪名成立，锒铛入狱。

瑞典人阿维德·达姆也在差不多的时间提出了密码机的原理，并获得了专利。他和赫本一样，想将自己的密码机投入市场，也成立了自己的公司。就在他踌躇满志准备在密码机商业化的领域大展身手时，却突然在1927年去世，直到他去世，他的密码机还没有进入实用化，只停留在设计图纸上。

1940年，鲍里斯·哈格林看中了达姆的密码机，就出资接手了达姆的公司，并将他的设计转化成了实物，最后还成功地让美国陆军下订单采购，成为美国陆军的制式密码机M-209型。在第二次世界大战期间，

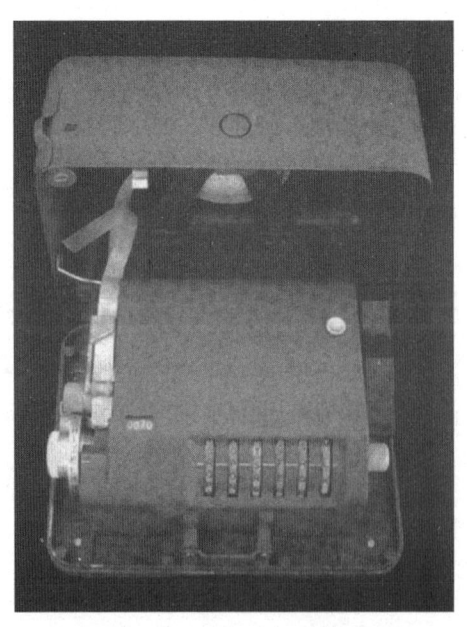

图8-1 美国陆军的制式密码机M-209型。在第二次世界大战期间，成为美军安全性最好的密码机，同时也是使用最简单，携带也极为方便，受到了美国陆军的高度评价。

M-209密码机成为美军安全性最好的密码机，同时它使用简单，携带也极为方便，受到了美国陆军的高度评价。这也使得哈格林赚了个盆满钵满，获利高达数百万美元，比起血本无归的赫本，实在不可同日而语。

还有荷兰人亚历山大·科赫也在1919年发明了一种转轮式密码机，并以"秘密写作机器"的名义申请了专利。不过他并没有能力将这项专利进行商业化推广，只好在1927年将专利卖给了德国人亚瑟·谢尔比乌斯。

谢尔比乌斯就是本章的主角恩尼格玛密码机的发明人，所以也有人说，谢尔比乌斯就是借鉴了科赫的专利，才发明了恩尼格玛密码机。

亚瑟·谢尔比乌斯，1878年出生在德国法兰克福一个商人家庭，毕业于慕尼黑技术学院电力专业，并在1904年获得了汉诺威技术学院的工程学博士学位，他的博士论文是《建造水轮机的间接调速器的建议》，这时他刚刚26岁，就成了一个众人羡慕的电气工程师。

在谢尔比乌斯获得博士学位后，他先后进入德国和瑞士的几家电气公司任职。他对于机械尤其是转轮特别有兴趣，发明了几件东西都和转轮有关，例如异步电动机、电枕头和陶瓷加热器的部件，特别是一种以旋转轮为基础的螺旋桨，这几乎就是日后恩尼格玛密码机核心部件转子的雏形。除了他的这几样发明外，几乎找不到相关的资料。不过尽管是默默无闻，但他显然不是一事无成，而是一直在潜心研究密码机。因为在10多年后的1918年2月23日，他为自己的密码机申请了专利。这是人类历史上最早的密码机专利，达姆、科赫的专利

图8-2 恩尼格玛密码机的发明人亚瑟·谢尔比乌斯。

也在差不多的时间，不过都是在各自的国家申请的专利。

申请专利之后，谢尔比乌斯就和朋友理查德·里特一起创办了一家新技术应用公司，将自己发明的自动加密的电气编码机械进行商业化推广和应用。他给自己的这个密码机取名恩尼格玛（也有译为埃尼格玛或英格玛），这是德语"Enigma"的音译，意思是谜语或者哑谜，所以也有一些文章称之为谜式密码机或哑谜密码机。

1920年，谢尔比乌斯推出了恩尼格玛密码机的基本型和附带打印机的豪华型，不过价格非常昂贵，最简单的基本型每台售价就高达4000马克，约合当时的1万美元。如果按照黄金价格折算，就相当于今天的60万美元，这个令人咋舌的价格绝对堪称天价。谢尔比乌斯本意是将密码机用来作为商业上保密通信的加密工具，但这样的高价，普通公司根本承受不起，所以恩尼格玛密码机问世之后，遭遇了和赫本密码机同样的命运，乏人问津。

不过，从技术上来说，恩尼格玛密码机在当时确实是非常先进的，堪称20世纪上半叶密码机的巅峰之作。同时代赫本、达姆和科赫的密码机，如果和恩尼格玛密码机相比，仿佛是蹒跚学步的孩童，而恩尼格玛密码机早已经是可以跃马扬鞭的骑士了！

那么，恩尼格玛密码机到底有多先进？

图8-3 恩尼格玛是德语"Enigma"的音译，意思是谜语或者哑谜，所以也有一些文章将恩尼格玛密码机称为谜式密码机或哑谜密码机。

简单来介绍一些恩尼格玛密码机的结构。乍一看和打字机有几分相似,粗看是个放满了复杂而精致元件的盒子。可以将其简单分为三个部分:键盘、转子和显示器。

键盘一共有 26 个键,键盘排列和现在广为使用的计算机键盘基本一样,只不过为了使通信尽量简短和难以破译,空格、数字和标点符号键都被取消,只有 26 个字母键,连德语中 3 个变异的元音字母都没有。

键盘上方就是显示器,这可不是现在意义上的屏幕显示器,只不过是标识了 26 个字母的 26 个小灯泡,当键盘上的某个键被按下时,和这个字母被加密后的密文字母所对应的小灯泡就亮了起来,就是这样一种近乎原始的"显示"。在显示器的上方是 3 个直径 6 厘米的转子,每个转子的边缘上都刻着 26 个字母,以表示 26 个位置。借助于精妙的设计,转动转子时会发出"咔哒""咔哒"的声音,转子转到哪个字母位置,就表示现在转子处在哪个位置。

转子的主要部分隐藏在面板下,转子正是恩尼格玛密码机最核心最关键的部分。如果转子的作用仅仅是把一个字母换成另一个字母,那就是密码学中所说的"简单替换密码",而在公元 9 世纪,阿拉伯的密码破译专家就已经能够娴熟地运用统计字母出现频率的方法来破译简单替换密码,柯南·道尔在他著名的福尔摩斯探案《跳舞的小人》里就非常详细地叙述了福尔摩斯使用频率统计法破译跳舞人形密码(也就是简单替换密码)的过程——之所以叫"转子",因为它会转!这就是关键!当按下键盘上的一个字母键,相应加密后的字母在显示器上通过灯泡闪亮来显示,而转子就自动地转动一个字母的位置。举例来说,当第一次键入 A,灯泡 B 亮,转子转动一格,各字母所对应的密码就改变了。第二次再键入 A 时,它所对应的字母就可能变成了 C;同样,第三次键入 A 时,又可能是灯泡 D 亮了——这就是恩尼格玛密码机难以被破译的关键所在,这不是一种简单替换密码。同一个字母在明文的不同位置时,可以被不同的字母所替换,

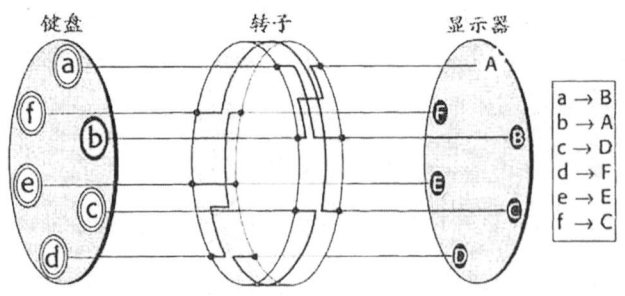

图8-4 恩尼格玛密码机的键盘转子显示器结构图,恩尼格玛密码机的显示器,并不是现在意义上的屏幕显示器,只不过是标示了26个字母的26个小灯泡。

而密文中不同位置的同一个字母,又可以代表明文中的不同字母,字母频率分析法在这里毫无用武之地了。这种加密方式在密码学上被称为"复式替换密码"。

如果连续键入26个字母,转子就会整整转了一圈,回到最开始的位置上,这时编码就和最初的加密重复了。而在加密过程中,重复的现象就是最大的破绽,因为这可以使破译密码的人从中发现规律。但是恩尼格玛密码机不是只有一个转子,当第一个转子转动整整一圈以后,它上面有一个齿轮会拨动第二个转子,开始自动转动第二个转子。假设第一个转子已经整整转了一圈,按A键时显示器上D灯泡亮;当放开A键时第一个转子上的齿轮也带动第二个转子同时转动一格,于是第二次键入A时,加密的字母可能为E;再次放开键A时,就只有第一个转子转动了,于是第三次键入A时,与之相对应的字母就可能是F了。

因此只有在26×26 = 676个字母后才会重复原来的编码加密。而事实上恩尼格玛密码机有3个转子(在第二次世界大战后期德国海军使用的恩尼格玛密码机甚至有4个转子!),那么重复的概率就达到26×26×26 = 17576个字母之后。在此基础上谢尔比乌斯十分巧妙地在3个转子的一端加上了一个反射器,这是谢尔比乌斯的朋友威利·科恩提出的建议:为什么恩尼格玛密码机非要再配一套解码设备？难道就不能合二为一，既可以编码，同时也可以解码。这句话启发了谢尔比乌斯，让他想出了反射器这个装置。反射器也叫反射板，它的作用就类似于镜子，布置在转子组的终点（左端），这样，明文的每个字母从转子组的右端进入转子，被转子组的3个（或4个）转子依次加密后，又从左端进入反射器。随后反射器就发挥了"镜子"的作用，直接将进入反射器的字母信号"反射"回去，这样一来，从转子组左端进入的字母信号，又从转子组左端再重新进入转子组。不过，这个字母信号并不是按照原来路径"原封不动"地反射回去，而是换了个位置，从另外一条路径反射回去的。

看起来反射器似乎没什么作用，不过是把原来的走向反射了回去，就

图8-5 恩尼格玛密码机的键盘一共有26个键，键盘排列和现在广为使用的计算机键盘基本一样，只不过为了使通信尽量简短和难以破译，空格、数字和标点符号键都被取消，只有26个字母键，连德语中3个变异的元音字母都没有。

是多绕了一圈路,而且也没有进行新的加密,还是3个转子,甚至连转子都没有转动过。但是,反射器却带来了一个极具创意的作用,就是具备了加密同时进行解密的功能,说得简单一点,就是加密和解密的操作是完全一样的。

如此奇思妙想,虽然并不是谢尔比乌斯第一个发明,但这一招确实很少见。在密码发展历史上,连同谢尔比乌斯的恩尼格玛,总共才出现过4次,最近的一次也要在300多年前的16世纪。当然这些原始的手工编码,早已被历史所淘汰。没想到,谢尔比乌斯居然又重拾这一方法,不过是采用了电气机械来改进的。

反射器把键盘和显示器中的相同字母用电线连在一起。反射器和转子一样,把某一个字母连在另一个字母上,但是它并不转动。乍一看这么一个固定的反射器好像没什么用处,并不增加可以使用的编码数目,但是把它和解码联系起来就会看出这种设计别具匠心。当一个键被按下时,信号不是直接从键盘传到显示器,而是首先通过3个转子连成的一条线路,然后经过反射器再回到3个转子,通过另一条线路再到达显示器上,比如说A键被按下时,亮的是D灯泡。如果这时按的不是A键而是D键,那么信号恰好按照上面A键被按下时的相反方向通行,最后到达A灯泡。换句话说,在这种设计下,反射器虽然没有像转子那样增加不重复的方向,但是它可以使解码过程完全重现编码过程。

所以完全可以这样理解,恩尼格玛密码机既是编码机,同时也是解码机。

使用恩尼格玛密码机通信时,发信人首先要调节3个转子的位置,而这个转子的初始位置就是密钥,是收发双方必须预先约定好的,然后依次键入明文,并把显示器上灯泡闪亮的字母依次记下来,最后把记录下的闪亮字母按照顺序用正常的电报方式发送出去。收信方收到电文后,只要也使用一台恩尼格玛密码机,按照原来的约定,把转子调整到和发信方相同的初始位置上，然后依次键入收到的密文，显示器上自动闪亮的字母就是明文了。加密和解密的过程完全一样，这就是反射器的作用，同时反射器的一个副作用就是一个字母永远也不会被加密成它自己，因为反射器中一个字母总是被连接到另一个不同的字母。

恩尼格玛密码机加密的关键就在于转子的初始位置。当然如果敌人收到了完整的密文，还是可以通过不断实验转动转子位置来找到这个密钥，特别是如果破译者同时使用许多台机器同时进行这项工作，那么所需要的时间就会大大缩短。对付这样的"暴力破译法"（即一个一个尝试所有可能性的方法），可以通过增加转子的数量来对付，因为只要每增加一个转子，就能使实验的数量乘上26倍！不过由于增加转子就会增加机器的体积、重量和成本，而密码机又是需要能够便于携带的，而不是一个带有几十个甚至上百个转子的庞然大物。那么方法也很简单，恩尼格玛密码机的3个转子是可以拆卸下来并互相交换位置，这样一来初始方向的可能性一

图 8-6 转子是恩尼格玛密码机最核心最关键的部分。恩尼格玛密码机有三个转子（战争后期德国海军使用的恩尼格玛机甚至有四个转子），转子的作用就是使得这套密码系统称为复式替换密码，大大提高重复的概率。

下就增加了6倍。假设3个转子的编号为1、2、3，那么它们可以被放成123－132－213－231－312－321这六种不同位置，当然现在收发密文的双方除了要约定转子自身的初始方向，还要约好这六种排列中的一种。

而除了转子位置和排列位置，恩尼格玛密码机还有一道保障安全的关卡，在键盘和第一个转子之间有块连接板。通过这块连接板可以用一根连线把某个字母和另一个字母连接起来，这样这个字母的信号在进入转子之前就会转变为另一个字母的信号。这种连线最多可以有6根。后期的恩尼格玛甚至达到10根连线，这样就可以使6对字母的信号两两互换，其他没有插上连线的字母则保持不变——当然连接板上的连线状况也是收发双方预先约定好的。

就这样转子的初始位置、转子之间的相互位置以及连接板的连线状况就组成了恩尼格玛3道牢不可破的保密防线，其中连接板是一个简单替换密码系统，而不停转动的转子，虽然数量不多，但却是点睛之笔，使整个系统变成了复式替换系统。连接板虽然只是简单替换却能使可能性数目大大增加，在转子的复式作用下进一步加强了保密性。让我们来算一算经过这样处理，要想通过"暴力破译法"还原明文，需要实验多少种可能性：

3个转子不同的方向组成了 $26 \times 26 \times 26 = 17576$ 种可能性；

3个转子间不同的相对位置为6种可能性；

连接板上两两交换6对字母的可能性则是异常庞大，有100391791500种；

于是一共有 $17576 \times 6 \times 100391791500$，其结果大约为10000000000000000！即一亿亿种可能性！这样庞大的可能性，换言之，即便能动员大量的人力物力，要想靠"暴力破译法"来逐一实验可能性，那几乎是不可能的。而收发双方，则只要按照约定的转子方向、位置和连接板连线状况，就可以非常轻松简单地进行通信了。

这就是恩尼格玛密码机的保密原理。

由此可见，恩尼格玛密码机的加密原理就是之前在介绍密码历史时提到的多表替代，通过不断转换明文和密码的字母映射关系，对明文的内容按照字母进行连续不断地换表替代。这种不断变化的映射关系的可能性高达 26×26×26 = 17576 种，而这 17576 种可能其实就是 17576 张密码表。一般来说，多表替代的密钥长度通常不会超过 20 位，也就是对应的是 20 张密码表，而恩尼格玛密码机的密钥表多达 17576 位。如此超长的密钥，对于破译者来说，简直就是欲哭无泪。

17576 张密钥表，就意味着明文经过加密之后，密文的字母出现重复至少要在 17576 位之后，这个长度超过了一般情况下的一封电报的总长度，也就是很可能整整一封密电里都没有出现重复字母加密的现象。恩尼格玛密码机的密钥长度如此之长，超过了正常情况明文的长度，这在密码的发展历史上，是前所未有的！这样破译者就算截获了一封密电，但整封密电里都没有重复循环，这就意味着破译者将完全无从下手。所有的破译分析方法，不管是重复指数，还是频率统计分析，全部毫无作用。这样一来，恩尼格玛密码机的安全性，达到了密码历史上从未有过的飞跃！

这还不算，如果再将 3 个转子的位置进行变化，那么密钥的长度能增加到 17576×6=105456 位，也就是说在一篇足有 10 万个字母的密电中，都

图 8-7 在第二次世界大战期间，德军陆海空三军都大量装备了恩尼格玛密码机，图为正在操作恩尼格玛密码机的德军报务人员。

不会出现重复循环字母加密的现象。可以说，随着恩尼格玛密码机的问世，长期以来困惑密码界的"密钥重复加密"的难题至此彻底终结。

而且，更重要的是，恩尼格玛密码机安全系数如此之高的加密，使用起来却非常简便，无论是发报时的加密，还是收报时的解密，都很简单便捷，对于无线电通信的及时性，几乎没有太大的影响。

所以说恩尼格玛密码机是20世纪上半叶密码机械的巅峰之作，一点都不为过。

1918年，谢尔比乌斯办了三件大事：申请了恩尼格玛密码机的专利，注册了恩尼格玛的商标，还和理查德·里特一起创办了公司，准备雄心勃勃大干一场。

1919年，谢尔比乌斯开发出了恩尼格玛密码机的第一种商用型号，并开始销售。不过，这种最早的实用型，结构上还是很简陋原始，甚至连恩尼格玛最具创意的反射器都还没有。

尽管谢尔比乌斯的恩尼格玛密码机安全性非常高，技术上也很先进，但依然遭遇和赫本同样的命运，经营相当惨淡。毕竟机器价格不菲，而且一买就至少2台，有什么商业机密需要用当年就价值数万美元的设备来保护？而且这时正值第一次世界大战结束，德国面临协约国追究战争罪责，高额的战争赔偿导致国内经济大衰退，密码机就更没有市场需求了。

相对于商业保密，对于密码机更有实际需求的无疑是军方和政府部门，所以谢尔比乌斯积极向德国军方和外交部进行推销。德国军方虽然认可恩尼格玛密码机的安全性，但是由于在第一次世界大战中战败，魏玛共和国的军队被严格限制在总兵力10万人的规模，军费捉襟见肘，根本不可能采购价格如此高昂的恩尼格玛密码机。而德国外交部对恩尼格玛连一点兴趣也没有。谢尔比乌斯尽管对自己的产品充满信心，甚至相当自负，但是现实却很残酷。

不过在这样艰难的日子里，谢尔比乌斯依然不愿放弃，并且对恩尼格玛密码机不断进行改进——1923年带有反射器的恩尼格玛A型密码机诞生。这才是恩尼格玛密码机真正的开端，直到恩尼格玛A型密码机问世，恩尼格玛密码机的传奇才真正拉开大幕。相比之下，没有反射器的恩尼格玛第一代商用型号，只能算是一种比较先进的转轮式加密机，虽然安全性已经很高，但比恩尼格玛A型密码机就要逊色不少了。

恩尼格玛A型密码机不但加装了后续型号一直沿用的键盘式显示装置，还确定了输入键盘的键位装置。为了适应电报加密的要求，取消了所有的标点符号键，这样就使得电文更加紧凑。没有标点，问题也不大，中国古代文言文就是不用标点的。另外，恩尼格玛A型密码机增加了3个德语的变异元音字母，取消了26个德语字母中不常用到的字母Y，这样恩尼格玛A型密码机的键盘上就有28个键位。

1924年，谢尔比乌斯又推出了恩尼格玛B型密码机。相比A型，B型最大的改变就是键盘，取消了德语中的3个变异元音字母，恢复了字母Y，使得键盘重新又成了26个键位。在恩尼格玛密码机的后续型号中，有的型号有3个变异元音字母键，有的型号又取消了，还有型号增加了标点符号键。这主要是根据客户的需要，而不是出于技术上的考虑。

在1923年国际邮政协会大会上，公开亮相的恩尼格玛密码机仍旧是购者寥寥。这时的恩尼格玛密码机，还是相当笨重，重量超过45千克，高18厘米，直到恩尼格玛C型密码机时，重量才减小到7千克，高度也降至11里米，使得实用化成为可能。但即便如此，总体销量还是惨不忍睹。因此，谢尔比乌斯和里特只好将公司股权卖给了甘瑟尔·斯科尔瑞斯，斯科尔瑞斯在1923年7月改组成一家新公司，取名密码机股份优先公司，谢尔比乌斯和里特担任公司董事，继续进行恩尼格玛密码机的生产销售。

新公司的成立，似乎带来了转机。原先眼看恩尼格玛密码机也要惨淡收场，却突然柳暗花明又一村——1923年英国政府公布了第一次世界大

图 8-8 恩尼格玛密码机安全系数如此之高，使用起来却非常简便，无论是发报时的加密，还是收报时的解密，都很简单便捷，对于无线电通信的及时性，几乎没有太大的影响。所以说恩尼格玛密码机是 20 世纪上半叶密码机械登峰造极的巅峰之作，一点都不为过。

战的官方报告，谈到在战争期间英国通过破译德国无线电密码而取得了决定性的优势，这引起了德国的高度重视。随即德国开始大力加强无线电通信安全性工作，并对恩尼格玛密码机进行了严格的安全性和可靠性实验，认为德国军队必须装备这种密码机来保证通信安全——接着谢尔比乌斯的工厂顺理成章接到德国政府和军队的订单，从 1925 年开始批量生产恩尼格玛密码机。1926 年谢尔比乌斯又为德国海军专门设计了海军型密码机，也就是恩尼格玛 C 型密码机。德国海军随即开始大量采购，作为海军的制式通信装备，这也是德国军方开始采购恩尼格玛密码机的肇端。两年后德国陆军也开始订购装备恩尼格玛 G 型密码机。当然这些军用型恩尼格玛密码机与原来已经卖出的少量商用型在最核心的转子结构上有所不同，因此即使有了商用型也并不能知道军用型的具体情况。

随着德国军方的大订单纷至沓来，谢尔比乌斯笑得嘴都合不拢了，现在价格已经不是问题——当然军用型的单价也下降至 600 马克，订单数量的井喷式增长，足以弥补单价下降的影响。现在谢尔比乌斯烦恼的不是卖不出去，而是自己作坊式的小工厂如何应付这么大数量的生产。

> **资料 8-1：恩尼格玛密码机发展大事记**
>
> 1918 年，亚瑟·谢尔比乌斯申请了恩尼格玛密码机专利。
>
> 1919 年，恩尼格玛密码机第一种商用型问世。
>
> 1923 年，恩尼格玛 A 型密码机问世。
>
> 1924 年，恩尼格玛 B 型密码机问世。
>
> 1926 年，恩尼格玛 C 型（海军型）密码机问世，德国海军开始采购恩尼格玛密码机。
>
> 1927 年，恩尼格玛密码机在英国取得专利。
>
> 恩尼格玛 D 型、E 型、F 型密码机相继问世。
>
> 1928 年，恩尼格玛 G 型（陆军型）密码机问世，德国陆军开始装备。
>
> 1929 年，恩尼格玛 H 型密码机问世。
>
> 1930 年，恩尼格玛 -I 型密码机（这里的 I 是罗马数字 I，而不是英文字母 I，空军型）问世，德国空军开始装备。
>
> 1931 年，恩尼格玛 K 型密码机问世。
>
> 1932 年，军用型的升级版恩尼格玛 -II 型密码机在恩尼格玛 -I 型密码机基础上研制成功，德国陆军、空军开始装备。
>
> 1934 年，日本得到恩尼格玛密码机。
>
> 海军型密码机升级版恩尼格玛 M 型密码机问世。

1935年，西班牙、意大利得到恩尼格玛密码机。

1936年，军用型恩尼格玛-I型密码机的第二代升级版恩尼格玛W型（国防军型）密码机问世。

1937年，日本借鉴恩尼格玛密码机的技术特点，研制出著名的"紫密"密码机。

德国防卫队开始装备恩尼格玛密码机。

1938年，恩尼格玛MOB-38型密码机问世，德国陆军、空军开始装备。

恩尼格玛M-2型（海军升级版）密码机问世，德国海军开始装备。

德国邮政局、铁路局开始装备恩尼格玛密码机商用行的升级版。

1939年（第二次世界大战爆发），日本在恩尼格玛K型密码机和"紫密"密码机的基础上，研制出海军密码机。

军用型MOB-39型密码机问世，德国陆军、空军开始装备。

海军型第三代M-3型密码机问世，德国海军开始装备。

德国军事情报局专用的AB型密码机问世，军事情报局开始装备。

1942年，海军型第四代M-4型密码机问世，德国海军开始装备。

德国海军和日本海军的通用型恩尼格玛T型密码机问世。

1943年，海军型后继型M-B型、M-8型密码机问世。

1944年，海军型第五代M-5型密码机问世。

三军通用型M-10型密码机问世。

1933年纳粹党掌握德国政权后也对恩尼格玛密码机的使用进行了评估，认为恩尼格玛密码机便于携带，使用简便，更重要的是安全性极高。对于敌方而言，即使缴获了恩尼格玛密码机，如果不能同时掌握3道防线所组成的密钥，一样无法破译。德国最高统帅部通信总长埃里希·弗尔吉贝尔上校认为恩尼格玛密码机将是为德国国防军闪击战服务的最完美的通信装置。因此上至德军统帅部，下至陆海空三军，都把恩尼格玛密码机作为标准的制式密码机广为使用。德国人完全有理由认为，他们已经掌握了当时世界最先进最安全的通信加密系统，那是无法破译的密码系统。然而如此愚蠢地寄信心于机器，最终只会饱尝机器所带来的苦果。

图8-9 这是一张非常著名的照片，德军名将有着"德国装甲兵之父"赞誉的古德里安（大盖帽穿大衣的站立者）正全神贯注看着报务员通过恩尼格玛密码机发送命令，照片左下角恩尼格玛密码机清晰可见。

图8-10 德军士兵正在战场使用恩尼格玛密码机,这样的场景在战争中屡见不鲜。

而"恩尼格玛之父"谢尔比乌斯却未能看到恩尼格玛密码机被广泛使用并对第二次世界大战所产生的重大影响,他于1929年5月因骑马时发生意外坠马受伤,最后因伤重不治而亡,年仅51岁。

恩尼格玛密码机大致可以分为两大类,第一类是商用型,包括德国政府的邮政局、铁路局等政府部门采用的;第二类就是军用型,这也是使用恩尼格玛密码机最多的。从1926年德国海军首先开始装备,到1945年纳粹德国覆灭,历时19年,各种型号的军用型生产总数超过了10万台,不但德国军队大量装备,而且包括德国的仆从国如意大利、罗马尼亚、保加利亚都有装备。其中纳粹德国陆海空三军以及武装党卫军总共装备了大约5万台,因此在整个战争期间,可以说哪里有德军的身影,哪里就有恩尼格玛密码机。恩尼格玛简直和M-35钢盔、MP-38冲锋枪一样,成为德军的标志性符号。纵观人类几千年的密码发展历史,还从来没有一种密码机械有过这样的荣光。

资料 8-2：恩尼格玛密码机的神奇

恩尼格玛密码机本质还是第二代加密原理——替代和移位。但因为可以进行几乎无穷种加密组合，所以在对抗频率分析的破解极为有效，从理论上看几乎无法破解。

在进行通信时，发送方按照约定好的进行初始设定，然后输入原文，自动产生一串密文，接收方收到信息之后，把机器设定成约定好的设置，输入密文，输出的就是原文。

恩尼格玛机实际上还是维吉尼亚加密法的改进，最大优势就是它的密钥可以随意设定。但是这种方法可以通过穷举法暴力破解。比如使用 3 组齿轮的机器进行加密，初始密钥就有 26X262X6=17576 种可能。同时使用 100 台这样的设备，每个机器尝试其中的 175 种，几个小时就可能破解。

设计者早就考虑到暴力破解的问题，所以他们在键盘和编码器之间又增加了一个叫反射器的结构，可以调换 6 对字母的线路。比如你在键盘上按的是 a，但电流信号却是沿着 b 的线路输出到编码器上的。通过调换 26 个字母中随意的 6 对，组合一下子就增加到了 1000 多亿种，大大增加了破解的难度。

德国在战争期间 每发一条信息，都单独使用一个密钥。德国人每个月都会发一本新的密码薄，里面记录着 每天接线板的状态和初始值的设定，但这个初始值并不是对原文进行加密的，而是对钥匙进行加密，然后写到用实际钥匙加密之后的密文前面。具体操作分三个步骤：

第一步，假设齿轮的初始状态为 QCW，然后密钥为 ABC，用设置成 QCW 状态的机器给 ABC 加密，假设变成了 BMW，然后输入第二次 ABC，加密后变成 NBA。然后把两次的结果拼到一起，形成 BMWNBA。

第二步，把机器初始状态设为 ABC，然后对原文进行加密。

第三步，解密时把机器初始状态设为 QCW，然后对开头的六个字母进行解密，发现是 ABCABC。然后再把机器的初始值设为 ABC，再对剩余的密文进行解密。

为什么要对密钥加密两次呢？是为了确认信号在传输中没有受到干扰，或者对方操作没有误。因为任何失误和干扰都会导致解码后，信息的前六位不是两次重复的样子，这样就知道出问题了。

所以，理论上恩尼格玛密码机是无法被破解的。

恩尼格玛密码机对于密码机械具有非常深远的影响，很多密码机都借鉴了恩尼格玛的设计原理。例如英国的 Typex 密码机就是源于恩尼格玛的设计，甚至还采用了连恩尼格玛都没有采用的一些专利，但是英国政府出于保密的考虑，始终没有向恩尼格玛公司支付过专利版权费。还有日本的 GREEN 密码机几乎就是 4 转子恩尼格玛密码机的复制品，唯一的区别就是 4 个转子是垂直而不是并列排列的。美国的 M-225 型密码机，设计思路也和恩尼格玛密码机的非常相似。

因此，恩尼格玛密码机是那个时代当之无愧的标杆。

第九章 波兰三杰打开第一个突破口

1926年,德国海军开始装备恩尼格玛密码机。1928年,德国陆军也开始装备恩尼格玛密码机。

英国法国很快就发现了德国军队全面换用了全新的密码通信。对于截获的德军密电,也都尝试进行破译,但是经过一段时间的努力之后,发现这套密码根本无从下手,完全束手无策。尽管英国、法国都希望能够破译出来,但是事实是如此残酷,两国的密码专家一致认为,德国这套新密码牢不可破,确实无法攻破,于是只能面对现实,放弃了对恩尼格玛密码机的破译。

但是,还有一个国家却始终没有放弃,这就是波兰。

波兰,位于中欧,是东欧和西欧的交界处,欧洲大陆上最典型的"四战之地"。在历史上1052年建立了波兰王国,这也是波兰作为一个国家的开始。1569年与立陶宛大公国合并,组成波兰立陶宛联邦,面积鼎盛时达到100万平方千米,在当时的欧洲算是头等强国,是中欧地区的霸主。不过从18世纪以后就逐渐衰落。1772年,沙俄、普鲁士和奥地利等三国对波兰进行了第一次瓜分,波兰损失了35%的领土和33%的人口。1793年,被沙俄和普鲁士两国第二次瓜分,波兰只剩下了20万平方千米和400万人口,并沦为沙俄的保护国。1795年,沙俄、普鲁士和奥地利等三国对波兰进行了第三次瓜分，将波兰剩下的领土和人口瓜分殆尽，存在了700多年的波兰就此亡国。

1809年，拿破仑扶植建立了华沙公国，波兰勉强算是复国了。但是随着拿破仑的失败，华沙公国被肢解，分为波兹南公国（由普鲁士管辖）、克拉科夫共和国和波兰王国（由沙皇兼领国王）。波兰第二次亡国。

1918年，第一次世界大战结束，德国和奥匈帝国所在的同盟国阵营战败，就是在德国和奥匈帝国崩溃的废墟上，波兰才得以复国。1919年，协约国在巴黎和会上通过决议，决定支持波兰复国。波兰再次复国，此时距离1795年亡国已经过去了123年。

从历史上看，波兰历史上3次被瓜分，被灭国，德国（前身就是普鲁士）都有参与。因此波兰对于德国，即便是在第一次世界大战战败后，受到《凡尔赛和约》的苛刻限制，国力大不如前的德国都深怀忌惮。破译德国的密码，掌握德国的秘密，对于波兰来说是关乎生死存亡的大事，所以尽管困难重重，波兰还是坚持尽最大努力去进行。

尽管这次波兰才复国不久，但对于密码破译还是很有心得。1919年5

图9-1　1918年第一次世界大战结束后，波兰得以复国，此时距离1795年亡国已经过去了一百二十三年。波兰历史上三次被瓜分，被灭国，德国（前身就是普鲁士）都有参与，因此波兰对于德国始终深怀忌惮。

月，波兰就在总参谋部第 2 部（情报部）下面设立了密码处，专门负责密码破译。最初主要针对的是苏联，因为其前身沙俄和德国一样，历次对波兰的瓜分都有参与。没过多久，密码处的工作就取得了成效。由著名数学家斯蒂凡·马祖切尔维茨为首的破译团队破译了苏联红军的通用密码，这样苏军的统帅部就成了波兰情报来源的重要渠道。

1919 年 2 月，苏波战争爆发，到 1920 年 8 月，苏军已经兵临波兰首都华沙城下，战局对波兰非常不利。但就在这样的危难之际，波军密码处仍在坚持工作，破译了大约 4000 封苏军的密电，这些情报还真的对战争的进程起了帮助。正是通过破译密电得到的情报，波军发现在苏军左翼出现了空隙，波军统帅约瑟夫·毕苏斯基立即抓住了这个稍纵即逝的战机，一边组织部队坚守华沙，一边调集预备队楔入苏军左翼的空隙，随后进一步撕开这个缝隙，乘势发起了总攻，一举扭转了华沙城下的不利局面。

密码处通过破译密电，还发现苏军的高级将领图哈切夫斯基和布琼尼（这两人后来都成为苏军第一批元帅）之间有矛盾。两人对于进攻华沙的策略有着很大的分歧，互不相让争执不下，结果迟迟无法确定最终的作战方案。宝贵的时间就这样一分一秒流逝，波军的反攻开始后，苏军连制定补救措施也来不及，只能仓促撤退。

这时密码处又发现苏军第 4 集团军和苏军统帅部失去了联系，没有收到撤退的命令，当其他苏军都已经相继撤退，只有第 4 集团军还孤零零地留在波罗的海沿岸，两翼完全暴露。这个重要的情报，就决定了第 4 集团军的命运。波军随即调整部署，将孤立无援的第 4 集团军合围。苏军这才意识到问题严重，虽然组织了对第 4 集团军的援救，但都被波军击退，最终第 4 集团军全军覆没。接着士气高涨意气风发的波军乘胜攻入苏联境内。最终波兰赢得了苏波战争的胜利，苏联被迫割让了西乌克兰和白俄罗斯的部分领土。

毫无疑问，波军的最后胜利，密码处居功至伟，这也让波军高层充分认识到密码破译的重要性。对苏联如此，对德国同样如此，因此即便在德国全面换用恩尼格玛密码机以后，波兰当局依然没有放弃破译的努力。

但是恩尼格玛密码机确实非同一般，甚至可以说史无前例，因此波兰方面的破译始终无法取得突破。尽管和英国、法国有密切的情报交流与分享，但是在破译恩尼格玛密码机这件事情上，英国、法国都表示无能为力。无法破译。英国法国可以耸耸肩，选择躺平，但是波兰可没法这么做，因为他们躺平的结果就一定是亡国灭种，所以波兰咬着牙继续毫不松懈地进行艰难的破译探索。

不过或许是上苍见怜，波兰人的运气还真不错，1928年底（也有说是1929年）某个周六，华沙海关接连收到德国驻华沙大使馆的紧急要求，口气相当强硬，要求波兰海关迅速放行一个从德国寄来的外交邮包。这个情况有点反常，一般外交邮包，从没见过德国大使馆这么急切要求。事出反常必有妖，华沙海关多了个心眼，立即通知了波兰情报部门，并把邮包送到了情报部门。海关的想法也很简单，反正明天是星期天，到下周一再给德国人完全说得过去。要是这个邮包里真有干货，那就是算捡到了大便宜，如果没有异常，就是个正常邮包，那对波兰也没什么损失。

还真叫波兰海关猜着了，当情报机关打开这个被德国大使馆心心念念的外交邮包，里面竟然是——一台恩尼格玛密码机！虽然不是军用型，只是德国政府使用的民用型号，但已经是天上掉下来的大馅饼了！看到这部机器，在场的波兰人简直惊呆了，在最初的震惊之后，立即开始忙碌起来了。

在接下来的这个星期天，波兰情报机关对这台恩尼格玛密码机进行了全面的拍照、测量、描绘、记录，一天时间要做研究肯定是来不及了，但把基本结构数据都记下来了，便于以后进一步研究。

此外，密码处设法搞到一台谢尔比乌斯公司早期生产销售的商用型恩尼格玛密码机，大致掌握了恩尼格玛密码机的工作原理。但是军用型与商

图9-2 波兰海关在外交邮包里发现了一台恩尼格玛密码机,波兰情报机关对这台恩尼格玛密码机进行了全面的拍照、测量、描绘、记录。

用型在最关键的地方——转子的结构和连接板的连线完全不同,这可是差之毫厘,失之千里啊!密码处使出浑身解数依旧毫无进展,据说密码处情急之下居然曾请过一位号称有"天眼通"功能的特异大师来遥感恩尼格玛密码机的转子和连接板结构,结果当然是一无所获。

另外,密码处又想到,既然恩尼格玛密码机是机械,那么是否可以通过科学的办法来尝试破译呢?以往的密码破译人员基本都是语言专家,于是密码处开始吸收数学家参与破译工作。1929年1月,密码处就请波兹南大学数学系主任兹齐斯劳·克雷戈夫斯基在数学系的学生中挑选一批尖子改学密码破译。波兹南大学并不是波兰数一数二的顶级大学,之所以选中波兹南大学,主要是因为波兹南地区位于波兰南部,在1918年以前一直都是德国领土,当地人大多都会说流利的德语。在密码破译中,除了数学,语言也是非常重要的。克雷戈夫斯基在三年级和四年级学生中精心挑选了20名优等生,推荐给密码处,然后由密码处进行破译学的专业培训,从而成为专业的密码破译人员。

在这20名优秀学生中，有3个人尤其突出，后来在破译恩尼格玛的事业中发挥了重要作用，被誉为"波兰三杰"。这就是：马里安·雷耶夫斯基、杰尔兹·罗甘茨基和亨里克·佐加尔斯基，而在这三人中，雷耶夫斯基的表现最为出色。他1905年出生于波兰的彼得哥什，不过这时彼得哥什还属于德国的西普鲁士，所以他会一口流利的德语，这对于后来破译恩尼格玛是一大优势。在被推荐给波兰密码机关时，他还只有24岁，在大学里学的专业是统计学，原本打算毕业后投身保险业当个精算师，但在经过密码处举办的短期密码分析的专业培训后，于1932年9月正式成为波兰总参谋部情报部密码局（原密码处）的文职密码分析员，后来他迅速成为密码破译的顶尖专家。关于他们的故事稍后再详细介绍。

图9–3 波兰三名数学家马里安·雷耶夫斯基、杰尔兹·罗甘茨基和亨里克·佐加尔斯基，他们在破译恩尼格玛的事业中发挥了重要作用，被誉为"波兰三杰"。

1928年，波兰总参情报部密码处成立专门破译恩尼格玛密码机的小组，由马克思米廉·西兹克依上尉任组长，只是人数很少，连组长西兹克依在内总共只有3个人。

1931年1月，戈维多·郎芝上校接替弗朗西斯泽克·波克尔尼少校担任密码处处长。

1931年7月，密码处和无线电情报处合并，升格成立密码局，郎芝上校担任局长。密码局下辖的第三处负责苏联密码，第四处负责德国密码，第四处的处长就是之前恩尼格玛密码机破译小组的组长马克思米廉·西兹克依，此时他已晋升为少校，而且她手下的破译人员也增加至30人。

不仅在编制上，在各方面，波兰都全力以赴投入了破译恩尼格玛密码机的工作。然而，波兰的一切努力还是和英国法国一样，依然毫无所获。眼看就要到了山穷水尽之时，却终于有了一线转机。

1931年夏，法国军事情报服务局密码处处长古斯塔夫·伯特兰上尉收到一个名叫汉斯·提罗·施密特的德国人的来信，此人声称愿意出卖德国军队所使用的恩尼格玛密码机的情报。伯特兰立即派人对施密特进行了调查，发现此人1888年出生于柏林，出身还很不错，父亲是德国著名的大学教授，母亲是贵族出身，有女男爵的头衔，施密特本人曾入伍参加过第一次世界大战，战后退役开办了肥皂厂，结果在战后的经济大萧条中破产，穷困潦倒之后通过担任德国国防军密码局办公室主任的大哥鲁道夫·施密特的关系，在密码局谋到了一个低级职位，算是有了一份勉强可以糊口的薪水。和穷途末路的弟弟相比，大哥鲁道夫·施密特可谓位高权重，他是德军通信部门的首脑，德军采购装备恩尼格玛密码机就是他下的命令。所以给自己不成器的弟弟安排个工作还是不成问题的。施密特的工作虽然级别低薪水少，但却可以接触到德国军队通信系统中最核心机密的东西，于是他决定出卖国家机密，既可以增加收入又能够报复社会对他的不公。

1930年6月，德国陆军和空军开始装备恩尼格玛密码机最新型的军用型恩尼格玛-I型，有过经商经历的施密特很清楚，随着新型号的投入使用，他手上的东西价值也就相应水涨船高。

不过，直到1931年夏，施密特才和法国情报机关接上了头。

10月，伯特兰安排代号"雷克斯"的特工到比利时韦尔维埃与施密特接头，考察施密特所提供情报的真伪与价值。雷克斯是特工，但也是通信专家，所以他看到施密特提供的材料，马上就向伯特兰报告，施密特提供的情报是货真价实的。

11月8日，伯特兰和助手赶到韦尔维埃，在旅馆里与施密特进行了第一次交易，拍下了施密特所带来的有关恩尼格玛密码机转子结构、连接板连线和使用手册等资料——根据这些资料，就可以复制出恩尼格玛军用型密码机——施密特则得到了1万马克（大约相当于4000美元）的报酬，在当时这笔钱算得上相当丰厚了。伯特兰给施密特起的代号是"灰烬"，从此施密特就走上了出卖恩尼格玛密码机情报的不归路，从德国的角度来说，施密特绝对是个名副其实的"德奸"。

图9-4 在德国国防军密码局任职的汉斯·提罗·施密特，将恩尼格玛密码机的秘密情报出卖给了法国，这就是打开了恩尼格玛坚不可摧堡垒的第一个缺口。

接下来，12月19日，1932年5月，伯特兰和施密特又在比利时韦尔维埃连续两次见面，施密特每次都拿来了恩尼格玛德最新的资料，当然也都收到了丰厚的酬金回报。

1932年8月1日，军事情报服务局的特工鲁道夫·勒莫尼来到柏林，和施密特接头，随后将施密特送来的情报用外交邮包寄回了巴黎。而勒莫尼也成了法国情报服务局和施密特之间的专职联络员，之后的接头基本上都是由他来负责。

1932年12月29日，伯特兰秘密进入德国，和施密特在柏林会面，这也是他们最后一次碰面。

……

从1931年11月开始，在此后7年的时间里，施密特和法国情报机关接头超过了20次，提供了大量核心机密，其中甚至包括整整38个月（也就是3年2个月）的密钥！

伯特兰得到这么多恩尼格玛密码机的核心机密，并没有像个吝啬的守财奴秘而不宣，而是第一时间就通报分享给了英国和波兰的同行。此时波兰的总参情报部密码处已经升格为密码局，由戈维多·郎芝上校担任局长。郎芝拿到这些机密，却没有交给下面已经被恩尼格玛密码折腾得焦头烂额的破译人员。要知道有了这些机密资料，要破译恩尼格玛密码机几乎是毫不费力的。但他却把这些全部锁进了自己的抽屉，只交出一些关于密码机结构和使用手册方面的资料。因为他认为法国同行的这个情报来源，随时可能会中断，如果不依靠自己的力量破译，那么一旦这个情报来源中断，又该怎么办呢？所以必须要依靠自己的力量来破译。这样雷耶夫斯基的破译团队就在完全不知道有施密特提供有密钥和密码本的情况下，苦苦研究探索。

应该承认，郎芝上校的远见卓识绝对正确，施密特的渠道最终断绝，而波兰人也在完全依靠自己力量的情况下，成功破译出了恩尼格玛密码机。

图 9-5 法国军事情报服务局密码处处长古斯塔夫·伯特兰上尉和波兰的总参情报部密码局局长戈维多·郎芝上校。

1940 年 6 月，巴黎沦陷。施密特的联络员勒莫尼没有来得及撤离，1942 年底他的身份暴露，被德国盖世太保抓获了，在盖世太保的酷刑下，勒莫尼最终还是没能守住秘密，供出了施密特。1943 年 4 月，施密特被盖世太保逮捕，5 个月后家属收到了死亡通知，不过他并不是被枪决的，而是自杀的。

虽然，法国的密码破译人员比波兰同行要幸运，他们看到这些宝贵的资料，却认为还是无法破译出恩尼格玛密码机。英国方面和法国人一样，认为没有多大价值。而波兰人则完全不同，雷耶夫斯基为首的密码破译人员根据郎芝上校截留之后的资料，取得第一步也是最关键的突破！

在施密特提供的情报中，包括恩尼格玛密码机的使用手册，其中规定使用几号转子和连接板的连线顺序是根据下发的每月密钥表，而转子初始方向则是由发信时，任选 3 个随机字母连打 2 次（以免错打或接收时遗漏）来通知收信方。例如，发信方先连续输入 2 遍随机选择字母 ADH-ADH，密码机会自动加密为 SEV-BYI（2 次加密为不同字母），然后把 SEV-BYI 作为电文的第一部分发出，再把转子初始方向转到 ADH，这才开始正式发报。收信方在按当日密钥调整好机器，先输入收到的最开头 6 个字母 SEV-BYI，解密为 ADH-ADH，确认无误后把转子初始方向调整到 ADH，就可以开始解密正文了——德国人是这样考虑的，如果使用统一的密钥，那么每天就可能会有几千封甚至几万封电报用同一个密钥加密，同一个密钥加密的数量太大，危险性也较大。而每封电文都用各自密钥，每个密钥所加密的数量就不多，况且这些字母都是随机选取，和有意义的电文性质不同，不可能用统计概率的方法来破译。粗看这种方法很是安全，但是"重复乃密码大忌"！在获悉了恩尼格玛的使用手册后，雷耶夫斯基就可以知道每封电文最开始的那6个字母就是由3个字母的密钥重复2次加密而成，这就成为雷耶夫斯基的突破口！

对于这6字母密钥来说，第1个字母和第4个字母是由同一个字母加密而来，同样地第2和第5个字母以及第3和第6个字母也是分别由同一个字母加密而来。根据每天截获的大量电文能够掌握大量的这样字母加密之间的联系，从而使雷耶夫斯基能够判断出转子的初始位置。作为数学家的雷耶夫斯基将恩尼格玛密码机的分析严格数学化，再利用施密特提供的情报，波兰复制出了恩尼格玛密码机。雷耶夫斯基和同事们一个接一个地实验转子的不同位置和初始方向，然后产生相应的字母对应表并记录下相应的字母循环，最后通过这些字母加密关系得出了关于置换矩阵的方程式，终于从恩尼格玛密码机那看似固若金汤的防线上打开了缺口！

波兰三杰中的另两位罗甘茨基和佐加尔斯基在破译工作中也做出了重要的贡献，佐加尔斯基想出了用在纸上钻孔的方法来迅速查询对应于某类字母循环圈的转子状态。在雷耶夫斯基和同事们的努力下，波兰在接下来的几年里成功地破译了大量恩尼格玛密码机的密电，仅1933年1月到1939年9月，波兰就破译出了近10万封密电，其中甚至有德国在苏台德地区兵力部署的情报。而对恩尼格玛密码机的破译在波兰总参谋部也是最高机密，有权限的军官们会收到标有"维奇尔"（破译恩尼格玛密码机的代号）的情报，他们被告知这些情报绝对可靠，但来源绝密。

当然，德国在此期间，对恩尼格玛密码机也不是一成不变的，只要对转子连线做出一点改动，那么雷耶夫斯基花费大量心血所归纳的密钥档案就毫无用处了。

从 1936 年 1 月开始，德国恩尼格玛密码机的密钥从原来每季度一换突然改为每日一换，这样一来就让波兰破译人员的工作量等于一下骤增了 90 倍！原来在一个季度中破解密钥还有可能，但现在 24 小时里就要破解密钥几乎是不可能的。面对如此严峻的局面，雷耶夫斯基和罗甘茨基只能改变策略——必须以机械对机械，改变以前人工加机械的模式。

雷耶夫斯基的应对办法，是在恩尼格玛密码机的基础上设计了一台"循环测定机"，能自动验证 3 个转子的所有变化即 $26 \times 26 \times 26 = 17576$ 个方向的机器，这是由 6 台恩尼格玛密码机以及其他辅助器材组成的机器，能在 2 小时内找出当日密钥。罗甘茨基为它取名为"炸弹"，因为它运转起来震耳欲聋的声响就像是炸弹的爆炸声。"炸弹"实现了密码分析的机械化，这是对恩尼格玛机械加密的很自然的应对手段。"炸弹"这个名称也一直被沿用，甚至后来英国的布莱奇利庄园也还是沿用"炸弹"这个代号。

图 9-6 在"波兰三杰"中表现最为显著的马里安·雷耶夫斯基。

在雷耶夫斯基进行破译的同时，施密特还在继续向法国情报机关提供有关情报，在 1931 年以后 7 年中，他和法国情报人员接头不下 20 次。除了施密特以外，1938 年 6 月，英国秘密情报局（即军事情报 6 处，MI6）接到报告，一名拒绝说出真实姓名的波兰犹太人（后查明他的真名是理查德·莱温斯基），宣称他曾在德国制造恩尼格玛密码机的工厂里当过技术员和工程师，因为是犹太人而遭到驱逐。他愿意凭记忆为英国复制出恩尼格玛密码机，条件是1万英镑以及给他和家人英国护照和法国居住权。军情6处经过数周的调查，认定此人所说属实，随即派出密码专家赶到华沙，对他提供的资料进行考察，然后按计划将他及家人护送到法国，根据他的回忆英国确实也成功复制出1台恩尼格玛密码机。

图9-7 虽然英国根据犹太工程师的回忆复制出了恩尼格玛密码机，但德国已经对早期的恩尼格玛密码机进行了升级换代。

1940年5月，德国发动对西欧的闪击战。6月初，就在巴黎即将沦陷前夕，英国用专机将莱温斯基等有关人员转移到了英国——不过，根据莱温斯基的回忆复制的这种恩尼格玛密码机很快过时了——1938年12月德国就强化了恩尼格玛密码机的加密能力，给每台恩尼格玛密码机增加了2个转子，从原来的3个转子6种排列方式一下改进为现在从5个转子中任意选取3个装入密码机，这样一来转子排列方式达到了5×4×3 = 60种。对波兰密码破译人员来说就意味着，"炸弹"的机器数量也必须相应增加到60台机器同时运转，而1台"炸弹"的价格是密码处一年预算的15倍！1939年1月，德国在恩尼格玛密码机的连接板上的连线又从6根增加到10根，密钥的总数达到了15900亿亿个，是原来的15900倍！雪上加霜的是施密特也停止了和法国情报部门的合作，有关密钥的所有来源都断了！

1938年和1939年，纳粹德国相继吞并了奥地利和捷克斯洛伐克之后，德国国内对波兰的仇视日益高涨，战争一触即发。波兰人清楚地意识到，他们将是纳粹德国实现其建立日耳曼帝国的下一个牺牲品。波兰总参谋部情报部决定，并经波兰总参谋长批准，一旦战争临近，就把破译德国恩尼格玛密码的全部成果向英法盟国公布，以便在波兰遭到入侵后，拥有更大人力物力财力的英国和法国还可以继续破译工作。

图9-8 英国布莱奇利庄园密码学校的负责人阿拉斯泰尔·丹尼斯顿参加法国情报机构邀请的秘密会议时使用的护照。

6月30日，波兰密码破码译处处长格维多·兰格尔少校致电英法同行，邀请他们来华沙讨论有关破译恩尼格玛密码的事宜。7月25日英法两国的专家到达波兰，代表英国的是布莱奇利庄园密码学校的负责人阿拉斯泰尔·丹尼斯顿，代表法国的就是伯特兰。在华沙以南约10千米的卡巴齐森林深处的一处偏僻小院里，英法波三国的密码专家开始了会谈，谁能想到这次会谈用来交流的语言居然是德语——因为那是三国密码专家都会而不需要翻译的语言！兰格尔向英法两国同行展示了"炸弹"，并介绍了雷耶夫斯基的破译方法，最后他慷慨地向英国和法国分别赠送了复制的恩尼格玛密码机以及"炸弹"的图纸。伯特兰通过外交邮包把这份"大礼"寄回巴黎，而英国则是由两名特工装扮成普通游客，把复制的恩尼格玛密码机乔装成行李带回英国。

  1939年9月1日，德军入侵波兰，英国、法国随即向德国宣战，第二次世界大战就此爆发。就在战争爆发的当天，在伯特兰的帮助下，雷耶夫斯基、罗甘茨基和佐加尔斯基带着他们的部分机器（密码处其他的机器和资料则被全部销毁）逃往罗马尼亚，从那里穿越南斯拉夫和意大利的边界到达法国。他们在法国情报机关设在巴黎代号"PC布鲁诺"的情报站里成立了Z小组，继续开展破译工作。1940年6月，在巴黎沦陷当天，"PC布鲁诺"情报站也接到了撤退的命令，伯特兰亲自带着Z小组撤往法国在北非的殖民地阿尔及利亚，此时波兰总参谋部情报部在阿尔及利亚有个代号"300小组"的分支机构，这些波兰破译人员随即被"300小组"悉数接收。从7月中旬开始，雷耶夫斯基的团队就在这个酷热干燥的北非国度继续进行破译工作。但阿尔及利亚也不是最后的归宿，根据波兰和自由法国的秘密协定，雷耶夫斯基团队的一部分人员在10月返回法国，在地中海海滨城市尼姆斯附近的弗泽斯小镇重新搭起了班子展开破译工作，在弗泽斯的团队代号"卡迪克斯"，同时还有一部分人员继续留在阿尔及利亚，就这样波兰密码破译人员在法国南部和北非又坚持工作了两年之久，破译了9000封德军密电，这些破译的电报有力支援了盟军在南斯拉夫、希腊、苏联以及北非的作战。

  1942年1月，罗甘茨基在从法属阿尔及利亚一个监听站返回法国途中，因为乘坐的客轮触礁沉没而遇难。而在弗泽斯坚持工作的"卡迪克斯"处境也日益艰难，德军已经发现这里有个监听和破译单位，搜索正在步步逼近。

  1942年11月9日，雷耶夫斯基和佐加尔斯基被迫撤离弗泽斯，在穿越法国西班牙边境时被西班牙警察逮捕，并被送进了难民营。不过他们始终没有透露自己的真实身份。1943年5月获释后就取道前往直布罗陀，最后乘船到达英国，但是英国情报部门却并没有让他们参与布莱奇利庄园对恩尼格玛密码的破译，而是让他们负责对德国武装党卫军使用的SS密码的破译工作，相比而言，SS密码的破译难度比恩尼格玛密码简单多了。

最可悲的是，雷耶夫斯基根本不知道布莱奇利庄园正在进行着和自己同样的工作，而布莱奇利庄园也只有极少数人知道波兰同行的工作。

战后，佐加尔斯基留在了英国，在巴特尔西技术学院任教，1978年在普利茅茨去世。雷耶夫斯基则回到了波兰，在波兹南大学担任行政工作，1967年退休，1980年去世，享年75岁。

由于种种原因，他们的功绩很长时间里不为人们所知。甚至1974年在布莱奇利庄园负责3号屋（空军情报）的弗雷德里克·温特伯坦姆所著的介绍破译恩尼格玛密码丰功伟绩的《超级机密》一书中，也没提及。看到这本书，雷耶夫斯基才知道战争中，英国同行做了些什么。雷耶夫斯基知道自己不应该再沉默下去，1978年他联系了军史作家，接受了记者采访，还参加了电视台的专题节目，将自己以及波兰破译团队的事迹公开了出来。这样波兰人的破译功绩才逐渐为人所知。1980年波兰还根据波兰三杰的故事拍摄了电影《恩尼格玛的秘密》。

但是历史是不会忘却他们的卓著功勋，尤其是波兰人更不会忘记自己的英雄，1988年，在恩尼格玛密码破译成功50周年时，波兰政府发行了纪念邮票，这也是世界上第一次为破译密码的无名英雄发行邮票。同年，波兰三杰的母校波兹南大学为他们建立了纪念园。

2000年7月17日，波兰政府向雷耶夫斯基、罗甘茨基和佐加尔斯基追授波兰最高荣誉勋章。在颁奖仪式上，波兰总理耶甘·布泽克激动地说："很多人认为，三位杰出的波兰密码破译专家对恩尼格玛密码的破译，是第二次世界大战中波兰对同盟国最终胜利做出的最大贡献……这是世界上最伟大的密码破译胜利。"

2000年9月英国安德鲁王子访问波兰时，代表英国政府将一台在第二次世界大战中从德国潜艇上缴获的恩尼格玛密码机赠送给波兰，以感谢对波兰在破译恩尼格玛密码中所做出的巨大贡献。在赠送仪式上，安德鲁王子说："如果没有波兰数学家的发现，恩尼格玛密码就有可能永远无法破译。"

在英国代码及加密学校战时旧址布莱奇利庄园1999年、2000年和2001年都举行"波兰日"纪念活动以纪念波兰数学家的贡献。

2001年4月21日，雷耶夫斯基、罗甘茨基和佐加尔斯基纪念基金在波兰华沙设立，基金会在华沙和伦敦设置了纪念波兰数学家的铭牌，并于同年7月在布莱奇利庄园安放了一块基石，上面刻着丘吉尔的名言："在人类历史上，从未有如此少的人对如此多的人做出如此大的贡献。"这里的"如此少的人"当然不只是对波兰数学家，而是对所有在破译恩尼格玛密码工作做出贡献的人们的最高褒奖。

2005年，在雷耶夫斯基诞辰100周年之际，波兰政府又为他发行了

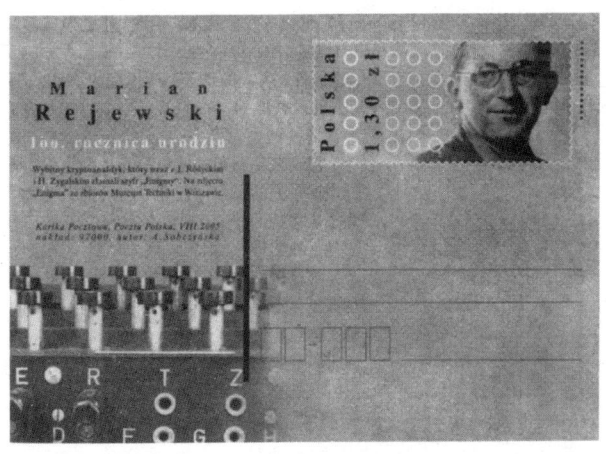

图9-9 2005年，在雷耶夫斯基诞辰一百周年之际，为了表彰他在破译恩尼格玛事业中的杰出功绩，波兰政府为他发行了纪念明信片。

纪念明信片。也是在这一年，雷耶夫斯基的出生地彼得哥什举行了一系列纪念活动，在他的故居遗址设立了纪念铭牌，还用他的名字命名了一条街道。

同年，雷耶夫斯基的女儿也应邀前往英国，接受英国帝国参谋部颁发的"1939—1945年战争勋章"。

被誉为"波兰三杰"的雷耶夫斯基、罗甘茨基和佐加尔斯基，只是许多波兰密码破译人员中的杰出代表，他们在极端困难的情况下，努力工作，锲而不舍，这种永不放弃的精神才是破译恩尼格玛密码最宝贵的精神财富。他们中的很多人都没有留下名字，但是他们的功绩，历史是不会忘记的。

第十章 布莱奇利庄园

最终完全攻破看似牢不可破的恩尼格玛密码，还是英国。毕竟英国在密码破译这一领域底蕴深厚，于第一次世界大战中就取得了丰硕成果。

对于恩尼格玛密码机，英国关注得很早。1918年，谢尔乌比斯刚刚为恩尼格玛密码机注册了专利，英国情报机关就注意到了。所以当恩尼格玛密码机民用型开始在市场上销售时，英国情报机关立刻就买了一台回来，随后对这台密码机进行了仔细研究，最终英国人认为这台密码机的加密性能绝对是非常厉害的，用当前常规的破译方法根本无法破译，所以结论是——无法破译。

再加上赢得了第一次世界大战胜利后，英国依然还是稳坐世界霸主宝座，志得意满，自视甚高，从心眼里就没把战败后的德国放在眼里，觉得即便德国有了攻不破的密码体系，也没什么大不了的。相对于波兰，即便德国再度崛起，英国也没有太担心。英吉利海峡给了英国足够的安全感。既然技术上破不了，而且也没有急迫性必要性，所以英国很快就放弃了对恩尼格玛密码机的破译。

不过，20世纪20年代，各种密码机械如雨后春笋层出不穷，英国终于意识到密码机械代替人工是必然趋势，所以在1926年，英国内阁成立了一个跨部门的委员会，负责为英国政府和英国军方选择一款密码机。英国空军中校沃尔特·里沃德居然推荐了恩尼格玛密码机！无独有偶，德国海军也正是在1926年开始装备恩尼格玛密码机。不过比起德国军方的雷厉风行，英国的进度实在是太慢了。直到8年后的1934年8月，才由里沃德牵头组织了一个团队，开始对恩尼格玛密码机进行全面评估。1935年4月，里沃德在恩尼格玛密码机的基础上进行改进，研制出了第一台英国版恩尼格玛密码机的原型机，交给军方进行评估。1937年1月，再经过不断改进，英国版恩尼格玛密码机终于定型，被命名为Type-X。最后英国空军第一批订购了30台，开始装备部队。

由于Type-X密码机并不是简单的山寨复制，而是加上了英国自己的加密技术，而且装备数量比较少，英军又严格控制了使用范围，因此即便是这款密码机的鼻祖德国也始终没有破译。

图10-1 1937年1月，英国版恩尼格玛密码机Type-X密码机定型，英国空军第一批就订购了30台。

所以，英国在第二次世界大战开始前没有能够破译恩尼格玛密码机，并不是他们不知道恩尼格玛密码机的存在，也不是不知道恩尼格玛密码机的过人之处。恰恰相反，英国对于恩尼格玛密码机的超强安全性，认识是非常深刻的。

在第一次世界大战中发挥了重大作用的英国海军密码破译部门"40号房间",战争结束后和陆军密码破译部门陆军情报部第一处C科合并,组建英国政府代码及加密学校(简称密码学校),负责人是来自海军情报部的阿拉斯泰尔·丹尼斯顿。密码学校在编制上隶属外交部,直到1923年,才重新转归秘密情报部领导,办公地点就在秘密情报局的伦敦总部大楼里。1938年密码学校的工作人员已经增至200人,相比同时代的其他国家,这个规模算非常大了。当时担任海军情报部部长兼秘密情报局局长的休·克莱尔海军上将,已经意识到战争迟早要爆发,密码学校的规模肯定还要扩大,办公地点设在伦敦,目标太显眼,在战时也容易遭到空袭,所以他就考虑将密码学校迁到新的地址,最后他选中了距离伦敦仅70千米的米尔顿·肯尼斯镇上的布莱奇利庄园。这里距伦敦很近,又是在乡村,保密性很好。但是没有部门愿意为这次搬迁买单,克莱尔只好自掏腰包,花费7500英镑将庄园买下来,然后捐献给国家,作为密码学校新的办公地址。在当时7500英镑可不是一笔小数字,相当于今天的55万英镑。

有赖于克莱尔的慷慨之举,密码学校才得以顺利迁入了新址,并以这个以办公地点作为非正式代号的名称——布莱奇利庄园命名,而这个名字也在人类的战争史和密码破译史上,留下浓墨重彩的一页。

密码学校迁入布莱奇利庄园以后,首先是设立监听站,因为破译的第一步就是先要截获无线电通信,而且要尽量完整截获。这就需要设施先进功率强大的监听站。

最先设立了代号X站的监听站,这里的X是罗马数字X,表示10,也就是10号监听站。不过后来发现监听站的大天线太惹眼,一旦被德军空中侦察发现,引来轰炸,那么庄园就会殃及池鱼,因此很快又将X监听站迁至附近的瓦登村。

除了X监听站,还有位于贝德福德郡切克沙滩的监听站,这个监听站的设备更先进，安装了高大的天线阵列。虽然这个监听站不是直接隶属于布莱奇利庄园，但所截获的电报会全部抄送给布莱奇利庄园。第二次世界大战结束这个监听站还在继续使用，1950年租借给美军第6940无线电中队使用，1964年美军将监听设备更新为最先进的ANFLR-9天线阵列，可以监听截获涵盖A、B、C等3个波段，从甚低频到甚高频，监听距离远达700千米，成为北约最重要的无线电监听单位。

图10-2 英国将贝德福德郡切克沙滩监听站租借给美国，美国部署了性能先进的ANFLR9天线阵列，成为北约最重要的无线电监听单位。

布莱奇利庄园的主建筑是19世纪金融家赫伯特·莱昂爵士置办的一幢哥特式城堡，密码学校的办公室就在这幢大楼的图书馆、餐厅以及舞厅里。随着战争的进行，密码学校也越来越受到重视，人员和资金不断增加。原来的大楼很快容纳不了更多的人员，于是密码学校在庄园的宽阔草坪上搭起了临时棚屋，每间临时棚屋都以数字来作为代号，以棚屋为单位负责不同的工作：

1号棚屋负责翻译；

2号棚屋负责密码机的分析和复原；

3号棚屋负责对德国陆军和空军已被破译的电报进行翻译、整理和分析；

4号棚屋负责对德国海军已被破译的电报进行翻译、整理和分析；

5号棚屋负责北非和意大利战场的情报分析；

6号棚屋负责对德国陆军和空军的恩尼格玛密电进破译；

7号棚屋负责利用打孔卡片机进行密码分析；

8号棚屋负责对德国海军的恩尼格玛密电进行破译；

9号棚屋负责对日本、意大利的密码进行破译；

10号棚屋负责气象电报的破译和分析；

11号棚屋是密码分析机"炸弹"的机房；

图10-3 由于人员不断增加，于是只能在庄园的草坪上搭起了临时棚屋，正是这些不起眼的临时建筑，却成了解开恩尼格玛秘密的圣殿。

12号棚屋负责情报勤务，后来并入3号棚屋；

13号棚屋负责德军潜艇的密电破译和分析；

14号棚屋是电传打字机的机房；

15号棚屋是4号棚屋的分部。

既然叫棚屋，说明大都是临时搭建的，而在布莱奇利庄园除了这些临时性的棚屋，还在庄园的空地上见缝插针地建造了不少正经的办公楼，并根据所在位置分为A区、B区、C区……直到H区，可见规模越来越大。因为进入庄园工作的人员也日渐增多，到1943年，在布莱奇利公园工作的人员已经超过了6000人，草坪上已经布满了连片的临时棚屋，俨然成为一个小城镇。密码学校也在1943年正式更名为英国政府通信总部，并一直沿用至今。

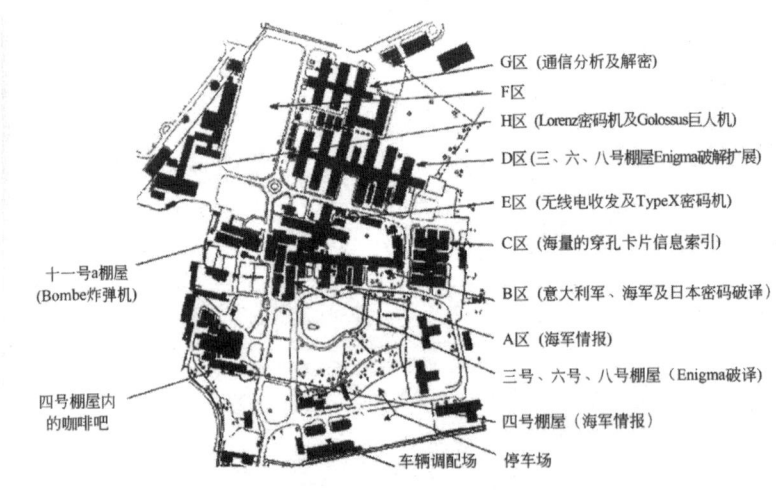

图10-4 布莱奇利庄园平面图，到1943年，在布莱奇利公园工作的人员已经超过了6000人，草坪上已经布满了连片的临时棚屋，俨然成为一个小城镇。

在波兰沦陷后，英国自然接过了继续破译恩尼格玛密码机的重任，波兰密码专家的经验和成果对英国而言，不啻是上帝的恩赐。英国的密码破译人员很快就掌握了波兰人的破译技巧和方法，而布莱奇利庄园拥有比波兰密码局多得多的人员和资金，足以对付由于增加密码机转子而带来的相当于原来10倍的破译工作量。

在掌握了波兰人的破译方法基础上，英国密码破译专家也开始摸索自己的方法。在正式使用"炸弹"搜索当日密钥前，他们总要试一下"投机取巧"的门道。因为他们知道，根据德军的规定，每一封电报都要先随机选择3个不同的字母作为密钥的指标组，但在实际中，操作人员往往就在键盘上敲上3个相邻字母了事，比如说 ASD 或者 FGH，有时甚至重复使用昨天的3个字母。英国密码破译专家把这样的指标组称为"西尔丝"，"西尔丝"并非是密码机本身的问题，而是由使用者造成的缺陷。后来，德军通信部门对密钥使用进行了更为严格的规定，为了强调密钥的不可预见性，规定每天从5个转子中任选3个，并且不得和昨天相同位置。也就是说，在5个编号分别为1、2、3、4、5的转子中，如果昨天使用的转子顺序为1、3、4，那么今天可以使用诸如3、2、5这样的转子顺序，但是不允许3、2、4这样的顺序，因为在第3个位置上都是4号转子。看起来这样的使用方法加强了安全性，但是过分强调规则，却反而大大简化了英国密码破译专家的工作量，因为在分析当日密钥前，他们就可以把昨天位置上的那些转子排除在外了。德军密钥编制的另一条呆板规定是，在连接板上不允许将2个相邻的字母连接起来，这又帮了英国人的忙，因为可以直接排除这种组合的可能性了。

英国密码学校在人员招募上也是不拘一格，任何能在密码破译方面帮上忙的人才都被网罗进来，不仅有各类科学家、语言学家，还有国际象棋高手、填字游戏发烧友——事实上填字游戏的玩家往往会成为密码分析的高手，密码学校甚至在报纸上登出有奖填字游戏来招聘密码分析人员——一个难题经常从一只手传到另一只手，直到最终得到解决；或者可能是一个人解决一部分，再由另一个人解决另一部分。用6号棚屋的负责人戈尔登·魏齐曼的话来说，密码破译专家是"一群想方设法嗅出一条线索的猎犬。"在所有的密码破译人员中，阿兰·麦希森·图灵，是不能不提的。图灵1912年6月23日出生在伦敦，他的父亲是英国在殖民地印度的行政官员，图灵出生后不久父母就回到印度。他是由保姆和父母在伦敦的朋友抚养长大，孩提时代性格活泼好动。1931年考入剑桥大学国王学院，毕业后留校任教，随后发表了几篇很有分量的数学论文。1934年他被评为罕见的青年人才，获得剑桥大学科研资助，同年获硕士学位。其后进入美国普林斯顿大学攻读博士，1937年，图灵发表了著名的论文《论可计算数及其在判定问题中的应用》，这是20世纪科学理论最重要的发展之一，也是今天被广泛应用并影响我们生活的计算机的基础理论。文中提出的概念虚拟计算机器，日后被以他名字命名——图灵机。1938年图灵回到伦敦，在国王学院任研究员。1939年9月4日，也就是英国对德宣战的第二天，就被密码学校特聘参与密码破译。尽管给他的年薪只有微薄的600英镑，而且还得先签署保密协议，宣誓保密。

图灵住在离布莱奇利庄园5千米的雪纳利·布鲁克恩德，每天骑自行车到庄园上班——图灵骑自行车上班有两大特点，一是因为对花粉过敏，而沿途又多是花园，所以图灵就戴着防毒面具骑车，很是招摇；二是他的自行车是辆掉链子的老爷车，而图灵从不愿意花时间去修理，只是利用他卓越的数学头脑记下踏板的有效转数在踏空时及时调整。

图10-5 20世纪英国最伟大的数学家阿兰·麦希森·图灵，他是人工智能理论的奠基人，在破译恩尼格玛的事业中做出了巨大贡献。

在布莱奇利庄园里，他经常待在被称为"智慧水箱"的放水果的储藏室里思考问题，图灵的工作就是寻找一种不必利用重复密钥的破译方法。在分析了大量德国密电后，图灵发现德国电报一般都有固定的格式，时间、发信人、收信人这些信息几乎是一成不变的。例如德国人每天的天气预报总在早上6点左右发出，在这个时间里截获的电报，八成有"Wetter"（就是德文的"天气"）这个单词，根据此前掌握的德国人天气预报电文的死板格式，图灵甚至能相当准确地知道这个词在电报中的具体位置——这就使图灵想到了使用"候选单词"来破译恩尼格玛密码电文。继续用天气预报的电文来举例，如果图灵知道在电报中"Wetter"被加密成ASDFGH，那么剩下就是要找到将"Wetter"加密成ASDFGH的初始设置。如果采用一个一个尝试的暴力破解法，那就会碰到1590亿种可能。但是只要正确地猜到"Wetter"被加密的位置，那么就能发现这里存在着一个字母循环圈，而且在这个字母循环圈里有3个字母"W、E、T"，所以他就采用3台恩尼格玛密码机连接起来同时加密"Wetter"，之所以需要3台机器，是因为考虑到有连接板的原因。如果只用1台来试所有的密码，那么不仅仅要试所有的转子方向，还要考虑所有的连接板上的连线方向，那就需要实验1590亿种。图灵的绝妙之处就在于用3台机器把连接板上连线的效应抵消掉！这样他就只需要考虑1054560种转子方向就可以了。

把候选单词、字母循环圈和用线路连接起来的多台恩尼格玛密码机组成了密码破译的强大武器，这种天才设想也只有图灵这样的天才，智能虚拟机器的发明人才能想得出。图灵对恩尼格玛密码的破译完全是纯数学和理论性的，他还为此写过一篇论文，根据这篇论文的理论就可以造出一台破译机器了。布莱奇利庄园花费10万英镑来研制这种机器，绰号仍沿用波兰破译机的"炸弹"。1940年初英国塔布拉丁机械厂制造出了第一台英国版"炸弹"。每台"炸弹"里都有12组转子，因为根据图灵的理论，显示器和连接板都不需要了。根据上面的例子里只要3台恩尼格玛密码机的原因是字母循环圈的长度是3，而使用12组转子的目的就是要对付更长的字母循环圈。英国版的"炸弹"体积很庞大，高 2 米，长 2 米，宽 1 米。

1940 年 3 月 14 日第一台"炸弹"运抵布莱奇利庄园。可是它运行速度太慢，有时甚至要花一个星期才找得到一个密钥。于是密码专家和工程师们以最大的努力来改进"炸弹"。5 月 8 日，布莱奇利庄园终于破译出第一份恩尼格玛密码电报，内容是有关德国空军人员的调动和驻丹麦德军的补给分配情况。情报价值并不大，但其意义却非同寻常。5 月 10 日，德国改变了密码传递规则，密钥不再重复，这使得布莱奇利庄园刚刚有所成就而能破译出的密码数量马上就迅速急剧下降。幸运的是，改进以后的"炸弹"在 8 月 8 日到达，而且不负期望，效率相当高，一般只要 1 小时就能找到密钥。在接下来的 8 个月里，15 台新的"炸弹"陆续送到庄园。到 1942 年 1 月，庄园里的"炸弹"已经达到了 49 台之多。

图 10-6 专门用来计算破译恩尼格玛的计算机，由于运转起来隆隆作响，所以有了"炸弹"的绰号。

但是并非有了"炸弹"就万事大吉了，在"炸弹"轰然作响前还有许多工作要做，首先要找到一个"候选单词"。但是密码破译人员不能保证

"候选单词"一定在电报中；就算猜对了，要把"候选单词"所在的位置正确地找出来也不是一件容易的事情。只有找到了"候选单词"及其准确位置，"炸弹"才能发挥作用。为了帮助布莱奇利庄园获得破译密钥所需的"候选单词"，英国皇家空军有时会采取代号"播种"的特种作战，比如在某个特定的海区布雷，迫使附近的德国舰艇向其他舰艇发送有关雷区的情报，那么在这个情报里必定包含着雷区所在方位的信息，而这是英国早已知道的，于是从中就可以确定"候选单词"。但是这样的花招可不能一直使用，所以还需要许多其他的方式来配合。

在"炸弹"的帮助下，英国顺利破译出了德国空军、陆军的恩尼格玛密码，但是面对德国海军的密码系统，却相当棘手。因为德国海军的密码保密性最强，海军所使用的恩尼格玛密码机是特制的，有8个转子可供选择，这样转子的初始位置数就几乎是5个转子的6倍，于是布莱奇利庄园破译德国海军密码所需要花费的时间也几乎是其他密码的6倍。另外德国海军恩尼格玛密码机的反射器是可以转动的，于是密钥的可能性就达到了原来的26倍。不仅如此，德国海军为了加强通信安全性，下令取消固定的电报格式，这就使图灵的"候选单词"法很难派上用处。而大西洋上的

图10-7 布莱奇利庄园破译恩尼格玛紧张而有条不紊的工作现场。

惨烈角逐又要求布莱奇利庄园必须要尽快破译出德国海军的恩尼格玛密码！因为德国潜艇分散在广阔的大海上，有一艘潜艇发现目标，就会通过无线电通知其它潜艇赶来一起攻击，这种需要高度协同的作战，无线电通信发挥着决定性的作用，如果英国不能及时破译这些无线电通信，所遭受的打击必然是毁灭性的。

要想破译德国海军的恩尼格玛密码系统，除了要获得密码本外，了解德国海军特制的恩尼格玛密码机结构，尤其是知道它的转子线路，无疑是破译密码所必需的。德国海军单独活动的船只都携带可供一个月联络用的恩尼格玛密码机的密钥表，因此在布莱奇利庄园的强烈要求下，英国海军特意下令在击沉或俘获德国船只时，务必注意对有关密码设备和资料的搜集。1940年2月德国潜艇U-33号在苏格兰附近海面被击沉，英国海军俘虏了17名幸存艇员，并在俘虏手上缴获了德国海军所使用恩尼格玛密码机上的转子，从而使得密码破译人员对这种德国海军的特制密码机有所了解。1940年4月英国海军又在挪威海域俘获了一艘德国拖网渔船，得到一些关于恩尼格玛密码机的使用资料并送交布莱奇利庄园。但是庄园还没有能利用这些资料，德国海军就改变了转子结构。

密码破译人员哈里·辛斯利发现德军的气象船、补给船和德国海军作战舰艇使用的是同一套恩尼格玛密码系统。根据这一发现，英国海军加强了对德国气象船和补给船的袭击。5月初，英国无线电测向站发现了在北极地区活动的德军气象船"慕尼黑"号无线电方位，英国海军立即派出3艘巡洋舰和4艘驱逐舰前往搜捕，5月7日英舰发现并俘获"慕尼黑"号，虽然该船在被俘获前炸毁了密码机，但是跳帮登船小组还是缴获了德国海军的6月密码表。

5月9日，U-110号潜艇（艇长弗里茨·尤里乌斯·伦普，正是击沉"雅典娜"号的U-30号艇长）在苏格兰西部的赫布里德斯群岛发现了从北美开往利物浦的OB-318护航船队，随即与U-201号潜艇艇长阿道尔伯特·施尼协同发起攻击，先后击沉3艘运输船。但U-110号也被英军"奥布雷提"号驱潜快艇的声呐所发现，遭到了猛烈的深水炸弹攻击，潜艇严重受创被迫浮出水面。附近的英军"大斗犬"号和"布罗德威"号驱逐舰立即加速驶来，"大斗犬"号舰长贝克·克莱斯维尔少校意识到有俘获这艘潜艇的可能，便当机立断取消了刚刚发出的攻击命令。直到潜艇上的艇员进入甲板炮位准备负隅顽抗时，才下令开炮，驱逐舰炮火密集而猛烈，顿时将潜艇甲板炮火压制下去。"大斗犬"号一边开火，一边以15节的航速逼近潜艇。在距潜艇约200米处，驱逐舰派出了由大卫·巴尔姆中尉率领的跳帮登艇小组，跳帮组登上潜艇时，德军潜艇艇员已经仓皇弃艇，跳帮组在潜艇上缴获了大量德军还来不及销毁的绝密文件和一整套带恩尼格玛密码机的无线电收发报机。"大斗犬"号在救起了德军落水艇员后开始拖带U-110号潜艇返航，虽然U-110号后来在拖带途中沉没于冰岛南部海域，但缴获的密码机给布莱奇利庄园破译德军密码带来了巨大收益，而德军完全不知道U-110号被俘以及密码机落入英军之手。从此直至战争结束，英军对德军潜艇部队的通信机密，甚至每艘潜艇的具体位置、艇长姓名等情况都了如指掌，为大西洋反潜战的最终胜利创造了极其有利的条件。由于在俘获U-110号战斗中的出色表现，"大斗犬"号舰长克莱斯维尔和跳帮组长巴尔姆都获得了勋章。英国将此次作战情况列为高

图10-8 1940年英国海军俘虏了德军U-110号潜艇，并在潜艇上缴获了恩尼格玛密码机和密码本，这些宝贵的战利品为破译恩尼格玛起到了关键作用。

度机密，直到战争结束后的1959年才首次解密，英国政府官方第一次公开承认曾经俘获U-110号则是在更晚的1979年！

6月下旬，英国无线电测向站发现了在北极地区活动的德军气象船"劳恩布格"号无线电方位，立即派出1艘巡洋舰和3艘驱逐舰前去搜寻，6月28日，英国军舰发现并击沉"劳恩布格"号，在该船沉没前，英军驱逐舰的跳帮登船小组登上"劳恩布格"号，成功找到了德军的7月密码表。

英国海军这些丰富收获，为破译工作提供了巨大的帮助。到了8月中旬，8号棚屋已经能够在50小时之内破译德国海军当月密码了。9月这一时间缩短为40小时，10月更缩短为26小时。英国每天都能准确破译德国海军密码，然后通过安全线路将破译出的电文传送给海军作战情报中心，作战情报中心再从中汇总出基本情报，发给海军部、各基地和舰队司令。而所有从破译恩尼格玛密码获得的情报都被冠以来源"超级机密"的代号，按照其内容和重要性的不同发给不同级别。在大西洋上，英国破译出德国海军密码的最直接影响就是1941年8月以后运输船的损失急剧下降。

根据计划，美国应该于1941年4月开始在北大西洋上为加拿大—冰岛之间的运输船队提供护航，但是美国又提出了一个新的要求，希望双方能够交换情报信息。尤其是美国迫切希望能够获得大西洋上德国和意大利的海军行动的所有情报。两国政府的高级官员都同意互换共享破解轴心国密码的资料信息，并于1940年12月达成了书面协议。那时美国所需要的就是英国破解德国和意大利海军密码的成果。作为回报，美国必须与英国共享在破解日本密码的成果。然而并不是两国所有破译人员都热衷于交换破密信息，密码破译人员的特殊决定了他们都是些对这种保密性工作着迷的人，都不愿意向圈外人士透露他们的技术。英美双方也都对对方的可信赖性有所怀疑。

美国认为英伦三岛的局势依然非常危险，德国可能会于1941年春天全面进攻英国，英国的破译装置可能会在战火中遭受到破坏。另外鉴于美国已经在日本"紫色密码"（简称"紫密"）密码机研究方面取得了成功，因此能够比英国更有效地利用已掌握的德国海军恩尼格玛密码的情报。

1941年1月25日，美国陆军密码专家亚伯拉罕·森考夫、里奥·罗森和海军密码专家普雷斯科特·科里尔、罗伯特·威克斯（原本著名的陆军密码破译专家威廉·弗里德曼也要参与，但他在研制出紫色密码机后，患上了严重的精神分裂症，所以就没有来布莱奇利庄园）。这些专家们在切萨皮克湾登上了英国战列舰"英王乔治五世"号，并带上了1台紫色密码机（也可能是2台，各种资料说法不一），还有一些关于破译日本外交和海军通信密码的重要资料。

2月6日"英王乔治五世"号抵达斯卡帕湾，英国准将约翰·提尔特曼在码头迎接。这位准将也是一个密码高手，随后将这些美国人护送到了泰晤士河口处，再由密码学校的副校长爱德华·特拉维斯护送他们前往英国的密码破译机关布莱奇利庄园。庄园的负责人阿拉斯泰尔·丹尼斯通非常诚挚热情地欢迎美国人。

图10-9 1941年1月，美国陆军的密码专家搭乘英国战列舰"英王乔治五世"号前往英国，和英国同行就破译德国和日本秘密，进行了交流和探讨。

这个美国小组在英国待了5个星期，对于他们究竟向英国人透漏了什么，至今历史学家仍有争议。但确定无疑的是美国人把紫色密码机交给了英国，并且教会了英国人如何使用。一些历史学家认为英国人毫无保留地把他们所获得的关于恩尼格玛密码和意大利密码的信息都告诉了美国，另一些历史学家则认为英国人保留了大多数秘密，仅仅把一小部分信息告诉了美国并且刻意与美国人保持距离。其中目光最敏锐的历史学家布拉德利·史密斯更倾向于认为老奸巨猾的英国人保留了太多的秘密。不过有一点是肯定的，美国人没能得到恩尼格玛密码机或者复制品。

紫色密码机帮了英国人的大忙。到战争结束，英国人一直能利用紫色密码机获取日本外交部的密电，其中对英国（当然还有美国）帮助最大的是日本驻德国大使巴龙·希洛实·奥士马和东京之间通过"紫码"机进行联系。先前奥士马到柏林访问时，就得到了希特勒、戈林及其他一些第三帝国高层的信赖。这次，德国人就又毫无顾忌地同他谈起他们的军事计划和军备状况。奥士马也经常用紫色密码机将他们谈话的主要内容告知东京。当然这也为英国和美国创造了机会，使得他们可以了解希特勒的想法并可以获得德国武器装备的情报。

这时英国人还没有完整的恩尼格玛情报可以与美国人共享，尤其是德国海军密码，更是知之甚少。在美国人携带紫色密码机抵达英国时，英国人刚刚制订出一个可以获取恩尼格玛材料的大胆计划。只是这个计划风险太高，因而几乎遭到所有人的反对，但是德国海军对护航船队的巨大威胁以及来自华盛顿的压力最终使英国开始实施这个计划。这就是1941年3月4日偷袭挪威罗弗敦群岛的"克莱默行动"。英国突击队在突袭行动中，成功俘获了"克雷布斯"号拖网渔船。尽管"克雷布斯"号的水手在被俘获前炸毁了船上的恩尼格玛密码机，但是事先经过专门介绍的英军登船检查小组还是在船舱里发现了一套备用的转子和一个月的密钥表。借助于这些收获，布莱奇利庄园的8号棚屋在4月破译出德国海军的全部无线电通信。

与此同时，英国人破译德国手写密码的"船厂密码"工作取得了重大突破。这是德国一些次要船只和港口设施所使用的低级密码。布莱奇利庄园中一个被称作"灰姑娘"的小组负责对这些手写密码进行破译。从1941年3月到战争结束，英国人可以"像家常便饭"一样轻松地读取德国的船厂信息。在总共47个月多一点的时间里，"灰姑娘"工作组共破译了33000条"船厂密码"信息，平均每天破译23条。由于许多海军情报都需要分别通过恩尼格玛密码和"船厂密码"进行传输，才能够将信息也传达给那些次要船只和海岸工作站，因此这两个密码系统经常提供一些对照翻译。当恩尼格玛密码和"船厂密码"的对照翻译内容不多时，英国人就会采取一种布雷行动，在已知的德国进行扫雷的海峡的特殊区域重新

图10-10 布莱奇利庄园在第二次世界大战期间就是同盟国方面破译轴心国密码最重要最核心的所在地。

布雷。这总是会使德国人大量使用恩尼格玛密码和"船厂密码"发布警报，有时还要以此指挥扫雷艇前来扫雷，其中有许多信息是在两个密码系统下转译的，这就使得对照译本有了新来源，英国人将这种对照策略称为"吻合"。

当1941年3月底，4个美国人离开布莱奇利庄园时，英国人给了他们一份恩尼格玛密码机的构造图，但是却没有告诉他们究竟是怎样破解恩尼格玛的。英国人只把破解的大体步骤告诉了美国人，也没让美国人参观"炸弹"，甚至都没把"炸弹"的存在告诉美国人。因此美国海军高级破译专家劳伦斯·萨佛德就认为英国人欺骗了美国。

英美这次"破译密码交易"，并没有给美国的恩尼格玛密码破译带来多大的帮助，而萨佛德的破译工作虽然已经取得了一定的成绩，但面对牢不可破的恩尼格玛密码还是困难重重。当时美国的全部通信情报机关，包括大西洋和太平洋上的无线电信息监听站在内，总共只有550人，其中军官仅44人。因此萨佛德开始向一些圈外人士寻求帮助。其中，他最倚重的是38岁的预备役军人，霍华德·西奥多·恩格斯特洛姆。尽管研究密码破译的历史学家们大都没有关注恩格斯特洛姆，而人们也在将所有的荣誉都归于英国人和波兰人的热潮中也忽略了他的作用，但他在美国破解德国海军恩尼格玛密码的过程中的确发挥了至关重要的作用。

恩格斯特洛姆非常擅长研究外国语言和数学，获得过缅因州立大学数学硕士学位、耶鲁大学数学博士学位。1936年5月起断断续续为萨佛德工作。1941年初根据萨佛德的要求，恩格斯特洛姆为研究海军恩尼格玛密码做了一些理论准备工作。1941年7月，他被调往萨佛德的研究小组，转为现役，授予海军上尉军衔，并开始全职破译工作。此后他承担的责任越来越大，他在破译工作中所取得的成就甚至可以与英国的图灵相媲美。英国和美国政府也都为此对他进行了表彰——美国总统罗斯福为他颁发了杰出贡献奖，英国大使哈利法克斯代表英国国王乔治六世向他颁发了帝国勋章。

1942年2月1日,德军海军开始使用4个转子的恩尼格玛密码机,同时启用全新的"海神"密码系统,使布莱奇利庄园的破译顿时陷入空白。随之而来导致在大西洋上盟军运输船队的损失迅速增加。万幸的是,由于同时期美国刚开始参战,在美国海域缺乏反潜护航经验,导致德军潜艇在美国东海岸频频得手,美国海岸的战果在一定程度上掩盖了大西洋上急剧变化的战果,使德军海军没能把近期的巨大胜利与增加密码机转子以及新密码体系联系起来。

1942年10月30日,英军驱逐舰"帕肯汉姆"号、"爆竹"号、"杜威顿"号、"胡沃斯"号和"英雄"号以及反潜飞机在地中海塞得港东北海域攻击了德军潜艇U-559号。由于潜艇遭到重创,艇员纷纷弃艇。"爆竹"号舰长马克·桑顿看到有机会俘获U-559号,就迅速指挥驱逐舰靠向U-559号右舷,"爆竹"号的斯宾斯-布莱克海军上尉、弗朗西斯·安东尼·布莱尔·法松海军少尉,水兵拉克洛瓦、麦克发伦、科林·格拉兹

图10-11 1942年10月,英军在即将沉没的德军U-559号潜艇上缴获了大量恩尼格玛相关的机密资料,对于破译恩尼格玛提供了极大帮助。

尔，还有勤务兵托马斯·布朗登上了潜艇。其中法松、格拉兹尔和布朗进入了潜艇舱内，法松打着手电筒进入了艇长舱和通信室，发现了大量机密资料，然后传给布朗，再由布朗传给在甲板上的斯宾斯-布莱克、拉克洛瓦和麦克发伦，他们再将这些文件传给了救生艇里的人员。由于潜艇突然开始下沉，法松和格拉兹尔没能及时撤出而牺牲，被追授乔治十字勋章，布朗则获得了乔治奖章。正是他们不顾危险甚至以生命的代价，抢出了包括有天气预报短码手册等一些宝贵资料。这些资料很快被送到布莱奇利园，为能够破译天气预报的英国破译专家提供了难得的素材。

12月13日译码专家们惊讶地发现德国人在密码安全问题上犯了一个可怕的错误。在发送天气预报时，并没有使用第4个转子，把4转子密码机当作3转子密码机来用。英国人从这里可以获得4个转子中3个转子的设置，接下来要用炸弹搞清楚第4个转子的设置就不难了，这个突破使得布莱奇利庄园立即破译出了11月下旬8天的密电通信，并随后破译出了12月最初几天的密电通信。从U-559号潜艇上获得的文件的重要性可以和1941年5月从U-110号上得到的文件相媲美。德军的天气预报的短码手册一直到1943年3月还在使用，到那时英国已经完善了从其他短码手册获得副本的方法。尽管如此，英国译码专家又花了6个月的时间才完全破译了"海神"密码。

1944年6月4日，正在非洲西海岸活动的美国海军第22特混舰队第3大队的"查特林"号驱逐舰声呐发现了德军U-505号潜艇，第3大队司令加勒里海军上校立即命令2艘驱逐舰前去支援，而"瓜达尔卡纳尔"号护航航母则转向西行，紧急起飞2架F4U"野猫"战斗机，"野猫"战斗机赶到发现潜艇的海域，很快就清楚地看到潜艇在水中的轮廓，战斗机立即俯冲并向潜艇扫射，"查特林"号也冲过来一连投下12枚深弹，使潜艇遭到重创，艇长哈兰德·兰格只好下令上浮，浮出水面后立即遭到美舰的猛烈炮击，多名艇员伤亡，其他人纷纷跳海逃生。加勒里上校意识到有俘获潜艇的可能，连忙命令不准随意射击，争取俘获这艘潜艇。"皮尔斯伯里"号驱逐舰舰长弗雷德里克·霍尔中校立即派出了跳帮小组，艾伯特·戴维中尉带领着8人小组乘着摩托艇冲向潜艇，当跳帮小组登上潜艇时，艇上的德军官兵已经几乎全部弃艇，跳帮小组顺利进入潜艇，迅速关闭刚刚打开的通海阀门，而事先准备炸艇的14包炸药根本没有点燃引信！就这样，U-505号和没有来得及破坏的恩尼格玛密码机、密码本、航海日志和其他秘密文件一齐成为美国海军的战利品。这是美国海军1812年以来第一次俘获敌方潜艇，也是在第二次世界大战中俘获的唯一德军潜艇。

戴维中尉由于率领跳帮小组俘获潜艇而获得美国的最高荣誉国会荣誉勋章，跳帮小组成员三等兵尼斯佩尔和二等兵弗多瓦克获得海军优异服役十字勋章。

从U-505号潜艇上获得的恩尼格玛密码机以及密码资料，使盟军的

图10-12 1944年6月美国海军俘虏了德国U-505号潜艇，缴获了没有来得及破坏的恩尼格玛密码机、密码本、航海日志和其他秘密文件。这是美国海军1812年以来第一次俘获敌方潜艇，也是在第二次世界大战中俘获的惟一一艘德军潜艇。

密码破译专家全面破译德国密码体系，从而提供了更多潜艇活动区域的情报，有效地遏止了德国潜艇对盟军护航船队的攻击，成为大西洋之战胜利的关键原因之一。

毫无疑问，布莱奇利庄园在大西洋之战中的作用极其重要。没有布莱奇利庄园的破译情报，盟军在大西洋上必须投入更多的人力物力，大西洋之战的胜负也更难预料，至少将大大推延盟军赢得大西洋之战的时间，那么就将影响整个战争的进程。著名历史学家戴维·凯恩评价布莱奇利庄园的作用时说："这拯救了很多人的生命，不仅仅是俄国人和盟军的生命，也拯救了德国人、意大利人和日本人的生命。对许多在第二次世界大战后幸存下来的人来说，没有这个（庄园），他们将已不在人世。这就是这个世界欠这些密码破译者的：他们的胜利折换成人类生命的价值。"

恩尼格玛密码机是被公认的一代名机，在它诞生的时代，技术上的先进安全上的独到，都是无与伦比。后世对恩尼格玛密码系统的研究也非常深入，无论是密码机的结构，还是加密措施以及破译的方法，都有很详细的资料。其他密码机没有一种能够得到这样的待遇，这也使得我们能够有机会将这段惊心动魄的历史呈现给读者。

恩尼格玛密码机被誉为是"坚不可摧"的，但最后还是被彻底破防了，这到底是什么原因？

第一个原因，恩尼格玛密码机不是专供军队使用，而是军民混用。而且民营型出现的时间更早。尽管民用型和军用型具体还是有所差异，但恩尼格玛密码机上有转轮，每个转轮有26个位置，每敲击一个字母，转轮就转动一次……这些最基础的设置和原理是完全一样的！更要命的，谢尔乌比斯从1919年就开始销售民用型，只要有钱，任何人都可以买到。英国和波兰都得到过民用型，从而能够一窥恩尼格玛密码机的秘密。如果恩尼格玛密码机从一开始就是为军队专门定制的，完全没有在市场上销售，那么就会大大增加同盟国阵营破译的难度，试想连恩尼格玛密码机的基本结构都不知道，破译又从何谈起？

战后，德国空军密码处的官员就认为恩尼格玛密码机一开始就公开销售，而且还是全世界范围都可以合法购买，就注定了被破译的命运。因为这样从一开始就为潜在对手的破译，提供了最有利的条件。

被认为是密码破译领域圣经的最经典著作《破译者》一书的作者戴维·卡恩就将恩尼格玛密码机的军民混用列为恩尼格玛密码系统最后被破译的四大原因之首。

第二个原因，是使用规则上的失误。首先，是早期转轮设置的变更周期太长，从1926年德国军方开始装备恩尼格玛密码机，一直到1935年12月31日，转轮设置的周期都是3个月一变。直到1936年1月1日，才改为1个月一变。1936年10月1日起才改为每天一变，最后直到战争爆发，才改为8小时一变。3个月一变整整长达9年，这就给了最早破译的波兰人太多的时间来分析。

图10-13 恩尼格玛密码机上的转轮，每个转轮有26个位置，每敲击一个字母，转轮就转动一次。

其次，转轮进位的设置有失误。转轮组的设置看起来很复杂，很难找到突破口，但是每个转轮的进位点都各不相同，对于破译者来说，只要确定了转轮组中转动最多的右轮位置，那么就可以推算出它是几号转轮。雷耶夫斯基就是通过这样的原理，逐一推算出了转轮的内部设置。

再次，加密的指标组和正文一起发送。德军规定电报开始指标组先发两次并加密，而这一规定无疑是德军在使用恩尼格玛上最致命的错误，而且在整个作战期间都是如此。使用指标组大大削弱了恩尼格玛密码机的安全性。对于这点，德国人竟然毫无顾忌，他们认为密钥用恩尼格玛密码机来加密，而恩尼格玛密码系统是坚不可摧的。这完全就是逻辑上的错误怪圈。

还有在密钥网络设置上的错误，也可以说是自毁长城式的致命错误。德国海军负责通信安全的路德维希·施特默尔海军上将，由于对密码的无知，他努力为德国潜艇建设密钥网络，反而成了恩尼格玛密码系统的灾难。1944年每艘德军潜艇上都有了自己独特的密钥，看起来整个设想很完美，但是潜艇经常需要在海上编组、解散再重组艇群，所以同样一封电报（诸如作战命令、战况通报、天气预报等）就需要用不同的密钥加密后发

图10-14 恩尼格玛密码机上的键盘特写，粗看和普通打字机的键盘也没有多大不同。

送，这就给了破译者提供了很多不同版本的素材标本。德国陆军的情况也好不到哪里，在一个集团军群里，就会有至少10个以上的密钥网络，而且同样会用不同的密钥发送相同的电报。这些都是给破译者极大的可乘之机。

还有，新旧机型混用、不同密级的密电都采用恩尼格玛密码机发送，这些都是在恩尼格玛密码机使用上的重大错误。

而在电文格式上也有很多严重缺陷。除个别型号外，大部分恩尼格玛密码机的型号在键盘上没有标点符号键，所以对于高密级电文，都是取消标点符号。但是文章没有标点符号，阅读起来比较困难，所以德军在实际操作中，又规定了用 y 表示逗号，j 表示引号，xx 表示冒号，yy 表示分号。这样一来电文阅读是轻松畅通了，但同时也给破译者以最好的素材。

恩尼格玛密码机的键盘也没有数字键，但是电报中又少不了阿拉伯数字，于是德军规定，阿拉伯数字全部转化为德语数字，首尾再用不常用的字母来区分，例如 123 就成了 y123y。这种行为类似于画蛇添足，大大降低了破译的难度。

电报的报头通常是 AN（相当于英文中的 TO），加上德军规定 X 表示空格，所以明文中的 AN 某某某，密文就成了 ANX 某某某，看起来没有问题，但是每封密电开头都是 ANX，这对于破译来说，就是一个巨大的破绽。

第三个原因，是人为方面的。首先就是德奸施密特，将有关恩尼格玛德密码机的核心机密出卖给了法国情报机关，随后又被分享给波兰，这对于波兰最早的破译起到了决定性的作用。

其次，是在实际操作上。指标组是由 3 个字母组成，很多报务员经常很随意按下键盘上相邻的 3 个键，还有更懒惰的报务员，连转轮的起始位置都懒得改动，第二天就照样沿用第一天的设置。这些人为操作上的偷懒行为，在密码上却都是非常致命的。

当然，还有盟国海军从德国气象船、潜艇上缴获的密码机和密码本，这些资料的外泄也给密码破译带来了巨大帮助。

这些因素汇聚在一起，坚不可摧的恩尼格玛密码机最终被彻底破译了。

邱吉尔在战后回顾说："如果没有布莱奇利庄园，没有那段时间里一直在这儿默默工作的人们，那位不可一世的德国非洲军团的统帅隆美尔元帅，也许早在1942年的夏天就会攻陷开罗，马耳他也会落入敌手。地中海将成为德国控制的水域，进而遏制盟军的海上物资供应，德国的潜艇就将成功切断美军对我国的支援，1944年6月6日诺曼底登陆可能会推迟到1946年，第二次世界大战的胜利日也将推迟到不知何年何月。但是，

图10-15 打开后盖的恩尼格玛密码机，这台最神秘密码机的内部结构一目了然。

幸运的是，这一切都没发生，因为我们的科学怪才们破译了希特勒的恩尼格玛密码，使我们赢得了主动，打败了这个战争狂人。我们不应该忘记发生在这个庄园里的故事"。

但直到战争结束后，布莱奇利庄园的秘密仍不能被公之于众，英国想继续利用他们在这一领域的优势。布莱奇利庄园的密码学校被关闭了，"炸弹"被拆毁，和战时密码分析和破译工作有关的档案资料或销毁或封存。在几千名工作人员中，有一些人得以继续为新的密码破译机构工作，但大多数人都被遣散，恢复了原来的平民身份，他们都宣誓对战争中在布莱奇利庄园的经历保守秘密。

从战场上回来的老兵们可以自豪地谈论他们在战争中的战斗经历，但是在布莱奇利庄园工作过的人们却不得不隐瞒自己在战争中为国家做出的贡献。一位曾在6号棚屋中工作过的年轻密码分析专家甚至收到了他的中学老师写来的长信，责骂他在战争中逃避参军的懦夫行为。

经过长期的沉默后，直到1967年，波兰出版了第一本关于波兰在破译恩尼格玛密码方面的书；1970年原德军海军情报人员贝特朗上校出版了关于波兰和法国在第二次世界大战初期破译恩尼格玛密码的书。原来布莱奇利庄园里负责情报分配工作的温特伯坦姆上校要求英国政府将这些秘密

图10-16 战争爆发后，随着密码破译工作量的剧增，布莱奇利庄园的工作人员的数量也急剧增加，最高峰时达到了6000人。

公之于众，因为此时世界上已经没有一个国家在使用恩尼格玛密码机了，所以也已经完全没有必要再对破译恩尼格玛密码系统一事保密，在战争中为国家做出贡献的人们应该受到应有的承认和褒奖。英国政府终于同意了他的请求，1974年夏，温特伯坦姆的《超级机密》一书出版，使外界广泛了解了在战争中默默工作的密码分析专家的丰功伟绩。

破译恩尼格玛密码系统中最大的功臣，甚至可以说是灵魂人物的阿兰·图灵却没有能看到自己所做出的巨大贡献广为人知的这一天。更可悲的是，在他生命的最后时光，他并没有得到一个为国效力的英雄的应有待遇，反而因为他的性取向而饱受骚扰纠缠。

战争一结束，图灵就带着大英帝国授予的最高荣誉勋章，回到泰丁顿国家物理研究所担任高级研究员。凭借在布莱奇利庄园的实践经验，他很快提交了"自动计算机"的设计方案，1947年提出了"自动程序"概念，并领导一批优秀的电子工程师，着手制造一种名叫ACE的电脑。1950年，ACE电脑样机进行公开表演，被认为是当时世界上最快最强有力的电子计算机之一。

1950年，图灵来到曼彻斯特大学任教，担任自动计算机项目的负责人。同年10月，他发表了一篇划时代的论文《计算机与智能》，定义了何为人工智能，并论证了人工智能的可能性；提出如果人在不知情的条件下，通过特殊的方式和机器进行对话，如果在相当长时间内，分辨不出与他交流的对象是人还是机器，那么机器就可以被认为是能思维的，也就是通俗所说的智能机器，这就是著名的"图灵测试"。图灵甚至预言，在20世纪末一定会有计算机通过"图灵测试"，计算机能做人们所想像不到的事情。这篇论文所引发的震撼，至今还在回响。图灵的天才预言终于在与人对弈的"深蓝"计算机上得以实现。图灵的成就，使他成为计算机理论和人工智能的主要奠基人，赢得了"人工智能之父"的美誉。

1951年，他被选为英国皇家学会会员。

1952年因有小偷入室行窃,他向警察报案。但是不暗世事的他坦陈自己和另一位男士同居的事实。当时英国仍采用1885年制定的法律,同性恋属于严重猥亵罪,可以被判处2年监禁。1952年3月31日图灵被以"有伤风化"的罪名起诉。在法庭上,图灵既不否认自己同性恋的性取向,也不为自己辩解,最终被判定有罪。在同事们的大力斡旋下,才使图灵免于牢狱之灾,获得假释。但假释期间他被强迫接受了为期1年所谓的治疗,即大剂量的雌激素治疗。这种被称作"化学阉割"的残酷治疗,使图灵的性功能丧失,中枢神经系统也受到严重损害。但图灵一直认为,发生错误的并非是部分人类的不同性取向,而是陈腐落后且缺乏人性的法律。

在此期间,由于隐私被大肆报道,他饱受骚扰和纠缠。在民众压力下政府也取消了他在情报部门的工作,不允许他继续进行可编程计算的研究。但他一如既往地专注于科学研究,只不过将研究的方向改到了生物学、化学。1952年他发表对形态发生学理论研究的第一部著作,讨论有生命的生物体性状的演变。他认为各种生物学的差异,乃是一系列理化因素变化的结果。此后还创立了数学中的"非线性系统"理论,为后来兴起的

图10-17 正在跑步的图灵,作为破译恩尼格玛事业中最大的功臣,甚至可以说是灵魂人物的图灵没有能看到自己所作的巨大贡献广为人知的这一天,更可悲是在他生命的最后时光,他并没有得到一个为国效力的英雄的应有待遇。

"混沌学"提供了最初的理论根据。

但是长期非人的"治疗"使图灵越发精神抑郁，脾气躁怒，性格阴沉怪僻。特别是1952年开始，英国对同性恋者大肆清洗和追究。仅英格兰和威尔士两地即有2000多位同性恋者被捕并判刑。1953年英国政府以"安全原因"为由，禁止图灵与国外朋友的正当交往，指责图灵"同性恋恶习不改"，是"不可信任的危险人物"。对图灵的假释也被取消，他再次面临入狱。恶劣的社会环境使图灵感到彻底的绝望。1954年夏天，他在一项电解实验期间有机会接触到氰化钾。1954年6月8日，图灵在寓所身亡，床头有一只咬了一半的苹果，经过检验那个苹果是在氰化物溶液中浸泡过的，而图灵死因正是氰化物中毒。起初人们普遍认为图灵是意外事故中毒身死，但最终调查表明，图灵是服毒自杀。

这样一位伟大的天才数学家，居然因为身为同性恋受到迫害而最终自杀。在今天看起来，简直难以想象。更加让人不得不感叹图灵实在是个生不逢时的悲剧人物。随着时代进步和人们观念的改变，对于图灵，越来越多的人觉得他遭到的待遇实在是有失公允。

2009年，约翰·格雷厄姆－卡明向英国政府递交了请愿书，上面有超过3万人签名，要求为图灵平反。2011年，威廉·琼斯也递交了一份电子请愿书，要求英国政府赦免曾经给予图灵的所谓"罪名"，请愿书同样收集到了3.7万多个签名。2012年，著名物理学家史蒂芬·霍金和皇家天文学家里斯勋爵、英国皇家学会会长保罗·纳斯爵士等10位英国的顶尖科学家联名呼吁为图灵平反。在这些人的努力下，2013年12月24日，英国女王伊丽莎白二世签署对图灵"严重猥亵罪名"的赦免。

而更多的人也都以各种方式来向图灵致敬。1966年，美国计算机协会（ACM）设立了"图灵奖"，每年评选一名在计算机技术领域做出杰出贡献的人。今天这个奖项已经是"计算机界的诺贝尔奖"。

1976年，计算机界的奇才乔布斯创建苹果公司，公司的Logo就是一

图 10–18 对在数学和人工智能领域做出贡献的伟大科学家图灵，后人尤其是 IT 行业都表现出极大的尊敬。1976 年，计算机界的奇才乔布斯创建苹果公司，公司的 Logo 就是一个被咬了一口的苹果，据说就是源于图灵自杀时咬了一口的苹果。

个被咬了一口的苹果，据说就是源于图灵自杀时咬了一口的苹果。

1983 年，微软公司推出的在计算机领域具有里程碑意义的"视窗"（Windows）操作系统的界面标志是一扇彩虹窗户，而彩虹正是同性恋的符号，微软就是以此来向图灵致敬。

2014 年，光年无限科技公司研制出中文语境下智能度最高的机器人大脑，命名为"图灵机器人"，以纪念图灵在人工智能领域做出的卓越贡献。

2014 年 11 月在欧美上映的《模仿游戏》就是图灵的传记影片，编剧格拉汉姆·摩尔就是图灵的铁杆粉丝，改编剧本的报酬他是分文不要。高质量的剧本获得了第 87 届奥斯卡金像奖最佳改编剧本奖。影片中将近 1/3 的场景都是布莱奇利庄园，不过片中除了图灵和他的同事喝酒是在真正的布莱奇利庄园的酒吧实景拍摄，其他都是在摄影棚中拍摄的。而图灵童年读书时的场景都是图灵当年就读的谢伯恩学校拍摄。

尽管今天图灵在计算机领域的成就可谓家喻户晓，被推崇为大神级的行业鼻祖，但是对于他在第二次世界大战期间，参与破译恩尼格玛密码机的功绩，还是少有人知。因为破译密码，本来就是一个国家的最高机密。

包括图灵在内,当年在布莱奇利庄园夜以继日艰辛工作的破译人员,绝大多数都没有留下名字,他们是真正的无名英雄。正如丘吉尔所说:"会下金蛋的天鹅从来不呱呱叫!"